中华先烈人物故事汇

袁文才与王佐

军事科学院解放军党史军史研究中心

学习出版社

中华先烈人物故事汇《袁文才与王佐》编委会

目 录

Contents

引 子 / 001

01 逼上井冈 / 004

袁文才智挫贿选 / 004

母亲被害投奔绿林 / 012

王佐入江湖 / 019

杀税警夺枪树旗 / 026

02 义结金兰 / 036

被迫受“招安” / 036

双雄结拜 / 042

03 走向革命 / 053

保卫团举义 / 053

站到党旗下 / 063

永新大营救 / 070

04 迎接红军 / 078

三湾牵线 / 078

迎接毛委员 / 087

练兵改造 / 095

05 高擎红旗 / 102

欣然受编 / 102

出奇制胜 / 115

拱卫井冈 / 124

建功后方 / 132

06 双雄罹难 / 143

政策突变 / 143

坚守井冈 / 151

萧墙蒙冤 / 158

后　记 / 169

引　子

他们是威震井冈山的“红色双雄”，他们从“山大王”成长为中国工农红军的高级指挥员，为毛泽东创建第一个农村革命根据地——井冈山革命根据地作出了突出贡献。

他们相识相知，结拜兄弟，共同战斗，既是同年生，又是“同年同月同日死”，留下革命史上的慷慨悲歌。

他们，一位叫袁文才，一位叫王佐。

袁文才，原名袁选三，江西宁冈茅坪人。1898年10月出生，1921年进入永新禾川中学读书。1923年，为反抗土豪劣绅的压迫，参加当地的“马刀队”。1926年9月，受湖南农民运动影响，在中共宁冈县支部的领导下率部举行宁冈暴动，建立宁冈农民自卫军，任总指挥。同年11月，加入中国共产党。1927年7月，根据党组织的指示，参与指挥赣西安福、莲花、宁冈3县农民自卫军攻进永新县城的战斗，打开监狱，营救了一批共产党员和革命群众。后任赣西农民自卫军副总指挥。同年10月，毛泽东率领湘赣边界秋收起义部队进驻宁冈茅坪后，他率部接受整编，参与创建井冈山革命根据地。1928年2月，任工农革命军第1军第1师第2团团长、中国工农红军第4军第11师第32团团长，先后率部参加了保卫井冈山革命根据地的新城战斗、龙源口战斗、黄洋界保卫战、坳头垅战斗等，英勇杀敌，屡立战功。曾被选为湘赣边界工农兵政府主席、中共湘赣边界特委委员。1929年1月，任红4军参谋长，随军向赣南进军，后返回井冈山，组织地方武装，坚持革命斗争。

王佐，原名王云辉，江西遂川（今属井冈山）人。1898年出生，1913年起习艺裁缝。1924年，在井冈山拉起队伍，与土豪劣绅作斗争。在大革命影响下，1927年年初，将队伍改编为农民自卫军，曾率部协同袁文才部攻占永新县城，打开监狱，营救了一批共产党员和革命群众。同年10月，毛泽东率领秋收起义部队进军井冈山后，所部接受整编。1928年2月，任工农革命军第1军第1师第2团副团长，同年4月，加入中国共产党，不久任中国工农红军第4军第11师第32团副团长，后兼湘赣边界防务委员会主任，负责防守井冈山的五大哨口和筹集物资等工作。他谙熟井冈山、宁冈、遂川诸地地形，善走山路，枪法准确，在保卫井冈山革命根据地的龙源口、黄洋界等战斗中，率部英勇杀敌，出奇制胜。1929年1月，红4军主力进军赣南、闽西，他率第32团协同第30团守卫井冈山。其后任红4军第5纵队司令员。曾当选为中共湘赣边界特委委员。

袁文才、王佐两人于1926年2月24日结拜兄弟，志同道合，共同投身武装革命的斗争，为井冈山革命根据地的创建和早期中国革命立下了不朽的功勋。1930年2月24日，袁文才、王佐两人在永新县同时被诬陷致死。1950年，袁文才、王佐两人同时被追认为革命烈士。

01 逼上井冈

袁文才智挫贿选

袁文才，原名袁选三，祖籍广东兴宁，早年间，祖上迁徙到江西宁冈县井冈山茅坪小山村马源坑居住。1898 年 10 月，袁文才就出生在这里。袁文才的父亲叫袁昌坤，勤劳能干，把家庭经营得比较富裕，使得袁文才有条件读书，他先在茅坪“攀龙书院”读到乡小毕业，又到附近私塾先生谢角铭开的学馆读了几年，后来考入永新县禾川中学。袁文才在禾川中学读了 5 个学期，此时他已经是个 25 岁的成年人，并且结了婚，还有了一个儿子。

1923 年 9 月，由于父亲早染重病去世，正在禾川中学读书的袁文才，不得不打点行装、辍学回家，挑起家里的重担。

袁文才回到家，白天虽然干的是农活，但他仍坚持每天早起读书练字，晚上点着桐油灯读到半夜。可家计还得维持，他只好同堂弟袁丁珠等人去烧木炭。烧木炭这工作极其辛苦，袁文才咬牙忍受着，每天天黑了才挑着满担的木炭回家，一身乌黑，手脚被柴枝扯挂出一条条血痕。

有一天，袁文才天黑才挑着木炭回到家中。母亲见他便说："乡长谢冠南又派乡丁到家里催收什么捐，逼得很凶啊！"提起谢冠南，袁文才胸中的怒火一下子升腾起来，牙咬得咯咯响。谢冠南家居茅坪，是方圆几十里山乡为富不仁的豪绅，向来以放高利贷、收青苗债盘剥穷人。他还担任着乡长职务，牢牢把持着乡政，全乡的捐税由他收支。这个老土豪有3个儿子，都是不务正业、吃喝嫖赌的痞子。袁文才与谢家有着刻骨铭心的辱妻之恨！谢冠南的二儿子谢会一曾玷污过袁文才的原配，最终导致两个相爱的人碍于封建礼教的束缚，痛苦分手。后来，袁文才与谢角铭老师的侄女谢梅香相恋成婚，但他心底却永远放不下那似海的仇恨……

其实，村里人都知道谢冠南巧立名目盘剥老百姓的事，大家都很气愤，但谁也不敢吭声，于是袁文才暗中为大家支招儿，合计着对付谢冠南。他说道："就是天塌下来也不能交这笔冤枉钱。"

过了几天，谢冠南的大儿子谢殿一带着当地保长李怀珍，一道来到马源坑催收追加捐。但每家每户都坚决不交，谢殿一回到家把这一情况告诉父亲，谢冠南感到奇怪，平时很听话的老百姓现在怎么变了？经过明察暗访，谢冠南发现是袁文才给大家出的主意。他恍然大悟地说："我就说马源坑的人怎么忽然硬起来了，敢公然抗捐，原来是袁文才这个'读书人'在撑腰！"从此，谢冠南对袁文才怀恨在心。

当时的北洋政府为了维护其统治地位，在政治上借用西方国家"民主""共和"的虚假外衣，推行政党选举、议会竞选等制度来粉饰太平，以此维系着国家机器的运转。1923 年 10 月，江西省议会举行换届，要求各地以投票方式选举省参议员。按照人口比例，宁冈县分得了 1 个省参议员的名额，而能够有资格竞选省参议员的仅有两人，一个是土籍人龙钦海，另一个是客籍人刘应岳。当地土客两籍矛盾由来已久，早已渗透到社会生活的方方面面。

龙钦海与刘应岳都志在必得。但龙钦海的家不住在宁冈，因此，他不敢掉以轻心，于是派了身边心腹回乡，联络土籍的百姓全力参与这次投票选举。

此时正是各地催收田赋最繁忙的时候，乡民都在为缴纳田赋和罚金担忧，突然有一天，村保长李怀珍竟到各家各户传话：谢乡长（谢冠南）体谅民间疾苦，两次在沈清源县长面前为乡亲们力争，并且得到了县长的同意，今年秋季的田赋和罚金延期征收，前些天被抓去关班房的几个抗租兄弟也很快就要释放回来了。

很快，众乡亲就把这件事告诉了袁文才，他听后，沉思了一会儿说："我看谢冠南这样做，很可能与投票选举有关，可能他暗中答应了什么人的选票。"大伙听后，觉得有道理，连忙问道："那我们该怎么办？"袁文才说："静观其变。"

过了两天，保长李怀珍也跑到袁文才家来了，他平时很少来袁文才家。李怀珍也不客套，见面就说：“选三老弟，选举省参议员的事，想必你已经听说了。谢乡长想请你帮个忙呢！”

袁文才听后，惊讶地问道：“我有何能耐帮得上谢乡长的忙呀？”

李怀珍眉飞色舞地解释说：“谢乡长器重你，准备委托你担任选举干事，投票选举那天，凡有要你代写姓名的选民，你可多写上龙钦海的名字呀！你也知道，谢乡长与龙钦海的关系非同一般的呀！”

袁文才故作惊讶地说道：“要是选民不愿意选龙钦海怎么办？”

李怀珍笑了笑，说道：“这个嘛也不难，你可以在唱票的时候都念龙钦海的名字。”李怀珍放低了声音说道：“谢乡长要我代为转告，过去对你关照不周，之前殿一对你又有所误会，还望海涵。听说你家里有些拮据，托我带来一些薄礼。”李保长说罢便从衣袋里拿出两筒银圆放在桌上。

袁文才见了，一股怒火从心底燃起，只想大骂，但一转念头又忍住了。袁文才说道：“既蒙谢乡长看得起，所托之事尽管放心，我定然办好。”

很快到了公民投票的那天，茅坪、大陇和柏露3个乡合并为一个选区，选举场地就设在大陇朱家祠前的广场。吃过早饭之后，各乡的选民陆续赶来，渐渐地把广场挤得水泄不通。祠堂的门廊下搭了一座小木台，台上坐的是县公署派来的两名监选官，加上3个乡的乡长。台底下则坐着4个选举干事，每人面前有一杆毛笔和一只投票的木箱，袁文才就坐在第二张木桌后面。不久，几道铃声响过，一名监选官走到台前，用铁皮喇叭大声宣布：“请竞选人的代表发表演说。”两名竞选人代表演说完毕后，监选官宣布开始投票，凡是不识字、不能执笔者可请选举干事代为填写。

监选官说完正要坐下，忽然袁文才站起身来对他说道：“能不能让我说几句话？”那人回过身看着袁文才，犹豫不定，扭头却见坐在台上的谢冠南提高声音接过话去：“监选官，按照选举程序，有补充讲话一款，让他说吧。”他虽然有些担心，但在众人面前也只能强装镇定。

袁文才迎着台下众多选民惊疑的目光，朗声

说道："我认为茅坪乡的选票不能算数，因为有人从中作弊，贿赂选举干事操纵选举！"

袁文才的话，犹如晴天霹雳，会场上的乡长和监选官们，特别是广场上的选民，都震惊不已，都想知道袁文才接下来要说什么。整个选场上肃静下来，袁文才神情激昂地说："茅坪乡有人把持乡政，暗中接受某位竞选人的贿赂，又对选举干事以利引诱，要他在代人填写时全部写上龙某的名字，或者唱票时全部念成龙某的名字。这不是公然行贿、强奸民意吗？别人那儿我说不清，我这儿就收到了乡长差人送来的 40 块银圆，要我……"

袁文才正要说下去，早已气得发抖的谢冠南从台后站起来，手指袁文才大声叫着："袁选三，你凭什么血口喷人？"

袁文才一听，从身上掏出两筒银圆，"啪"的一声放在票箱上，厉声回道："这是谁家的银圆？叫李怀珍保长说吧。"说完，将目光投向人群中的李怀珍。李怀珍立时满脸血红，额头上冒出一片细汗，慌张得不知道怎样回话。

这时，谢殿一站起来起哄了，他手指袁文才

气急败坏地叫骂："袁选三，你破坏选举罪责难容，捉你去县公署见官！"喝令乡丁们上前捉人。选场上闹声四起，一片大乱。在场的选民们相信那是确凿的事实，一下子愤怒起来。马上有人挤过去筑起一道人墙，保护着袁文才。与袁文才同来的袁丁珠等十几个人，赶快护卫在他身边，拥着他往外走。众选民很快四处散去，整个茅坪片3个乡的选举就此不了了之。

袁文才大闹选场，把许多老百姓极为愤恨的谢冠南打得狼狈不堪，一败涂地。这件事轰动了全县，很多人听了拍手称快。

母亲被害投奔绿林

袁文才将老土豪谢冠南整治了一回，出了一口胸中积郁多年的恶气，心里很舒坦。不少乡亲们在佩服袁文才的同时，不免为他捏了把汗。袁文才夜里睡在床上，两眼望着房顶，默默地想："谢冠南父子心肠狠毒，一定会像乡亲们说的疯狗咬人般地报复，难道我就这样束手就擒？怎样才能和这个恶霸斗到底呢？”袁文才心里明白，必须加以防范，但如何对付他们又拿不定主意。

很快就有人找上了袁文才，想拉他入伙，而且接连找了他两次。那人就是附近山上有名的绿林头领胡亚春。胡亚春，原名赖国梁，家住桃寮山麓的半冈山，这里是进入井冈山腹地的要道。胡亚春本是个打猎采药的穷苦山民，只因被官府豪绅逼得无路可走，曾帮助流窜当地的广西兵抄过附近几个大土豪的家，跟这些土豪们结了仇，才被迫上山扯起绿林旗号，成了聚众造反的一方首领。胡亚春与朋友李少恒、表兄周桂春，将周围村上一些生活无着的青壮山民聚集在一起，拉起了一支队伍，后来陆续又有一些无业游民前来投奔。队伍里没有枪支，只有几把马刀，因此他把队伍起名为“马刀队”。

胡亚春之所以找上袁文才，是因为他是周围少有的比较正直的读书人，肚子里有“墨水”，而最近大闹选场的事，更让他觉得佩服。胡亚春自拉队伍上山寨以来，总感到缺少读书人的出谋划策，于是众兄弟一商量，觉得袁文才与谢冠南家结了大仇，不如趁这机会把他请上山来，一起做事。但“上山当土匪”，干些“吊羊”（当地人对“绑票”的说法）的勾当，袁文才会不会不接受呢？果然，胡亚春两次登门邀请他都被袁文才推辞了。

袁文才虽然两次拒绝入伙，但自从见到胡亚春以后，多少还是有些动心。袁文才了解到，胡亚春他们也是被逼无奈才竖旗造反，他们敢同官府豪绅作对，频频“吊羊”。常把一些土豪整治得很苦，着实痛快。看来当今的世道，穷人要想不受土豪劣绅的欺负，除了奋起造反，别无他路可走！自己不愿跟着他们去闯江湖，主要是碍着读书人的脸面。如果放下这个面子，同他们一起干，不但不怕谢冠南报复，还能旧仇新恨一起算，这也是当下一种不错的选择。这种矛盾与痛苦交织在一起，让袁文才心神不定。

春节前一天，胡亚春和李少恒又来到袁文才家里。袁文才觉得胡亚春已是 3 次亲临登门，自己不好再推辞，便答应了。于是，当晚便参与了一次马刀队的“吊羊”行动。

世上没有不透风的墙。袁文才随马刀队“吊羊”的事，很快传到了谢冠南父子的耳朵里。谢冠南决定抓住这个机会，借助官府力量诛除心腹大患。谢冠南亲自携重礼前去面见北洋政府的县长沈清源，告密袁文才勾结马刀队的事，要求派兵“镇压”。第二天天没亮，驻扎在县城的北洋兵的一个排，在姓宋的连长带领下向茅坪进发。他们急行了五六里地路，赶到马源坑时，村里多数人家还没有起床。北洋兵把袁文才的家团团围住，踢开屋门冲进去，见屋里空无一人。

原来，北洋兵要来捉拿袁文才的消息，被在谢家打长工的后生听到了，他连夜赶回马源坑，告诉了袁文才的家人，袁文才的母亲带着家人连夜躲了出去。

北洋兵们扑了个空，一气之下，就把袁文才家能吃能喝的东西全搜出来，喝光了米酒，吃尽了家中肉食饭菜，宋连长见袁文才全家已逃走，只好撤回。北洋兵们一窝蜂地离去，竟然丢下一个喝多了酒醉倒在阁楼上的络腮胡士兵。

那个络腮胡士兵进了袁文才家之后，见大家都抢吃抢喝，本不胜酒力的他一口气饮下满满几大碗香甜米酒，不一会儿就觉得头重脚轻晕乎乎的，他爬上阁楼，倒在一堆稻草上便睡着了。等他醒来时，周围没有一点动静，他本能地爬起来去追队伍，竟忘了放在稻草上的步枪，顺手抓起门跟前的一根木棒，就出去了。

那个络腮胡士兵离开不久，袁文才的母亲和嫂子就从后山下来了。袁文才母亲看见家里被糟蹋得不成样子，一边流泪一边骂。袁文才的嫂子来到楼上，在稻草边发现一支步枪。婆媳俩一合计，决定让大儿媳拿着枪去山上找袁文才。不一会儿，听得村口狗吠，北洋兵又返回来找枪，把袁母堵在了屋里。

原来，那个络腮胡士兵跌跌撞撞地追赶上了队伍。大家见他没扛枪，拿的是一根状似枪托的木棍，都哈哈大笑起来。络腮胡士兵放下木棍一看，酒也吓醒了。宋连长不敢耽误，立即传令队伍折回马源坑去找枪。

北洋兵重新回到袁文才家，那个络腮胡士兵

一下子冲到楼上，没见到步枪，吓得面如土色。他赶紧下楼，揪住袁文才母亲喝道:“老东西，把枪藏哪儿了?”

袁母镇定地回答道:“没见过你的什么枪!”

这时宋连长也上前追问道:“一定是你儿子回来把枪拿走了，快说拿到什么地方去了?”

袁母仍是一口咬定没有见过枪。络腮胡士兵急了，忽然从旁人手里夺过一支枪，推弹上膛顶在袁母的胸膛上，两眼直勾勾地露出凶光，杀气腾腾地威胁着:“再不讲，毙了你个老东西!”他连着吼叫了两声，见袁母并不搭理，气急败坏地扣动了扳机。可怜的袁母连声音都没喊出，便倒在了血泊中。北洋兵在袁文才家搜了个遍也没找到枪，最后气急败坏地在楼上点着了火，直到正屋燃起来才离开。

晌午过后，袁文才回到家中，得知母亲被北洋兵打死，心如刀绞。此时，袁母的遗体已由族人装殓入棺，安放在烧去一半的堂屋里。袁文才双腿跪在棺材前，却流不出眼泪，满腔的怒火和仇恨积压在心头。他在地上叩了 3 个响头，向长眠于棺内的老母亲起誓：“阿妈，此仇不报，文才誓不为人！”

袁文才跪在地上转向众乡亲拜别，然后站起来，毅然决然地转身而去。他径直来到山上，取出那支藏着的步枪，沿着小路快速向半冈山走去。

自此，袁文才死心塌地加入了马刀队。袁文才在马刀队担任师爷，不久就劝说胡亚春不要在黄洋界小径上向普通小商贩“吊羊”，而专门向周边为富不仁的土豪劣绅下手。

袁文才是个有计谋的人，在接下来北洋兵清剿马刀队时，他提出化整为零的战术，把部队分得更小，以排或班为单位分散行动，发现目标后再合围追击，使北洋兵摸不着头绪，不得不选择撤退。这一次，马刀队在山里转战了 20 多天，虽然吃了不少苦头，但战果辉煌，一共夺得北洋兵 18 支步枪和许多子弹，加上原来的枪支，共有 20 多支真家伙！中秋节那天，袁文才对胡亚春说：“越是过节，我们越要小心。今晚必须加哨防范。”果然，北洋兵来偷袭，不但没有损失，反而又夺得几支枪，大伙愈加钦佩他的能力。

自从袁文才加入马刀队后，连连获胜，胡亚春高兴得整天合不拢嘴，他跟兄弟们得意地说："我早就看出来了，师爷是个打着灯笼也难找的文化人，所以才打尽主意邀他上山呢！"在众人的拥戴下，袁文才被胡亚春提升为马刀队的参谋长，成为山上的二头领。

1925年5月，江西《民国日报》副刊上登了《井冈新枭雄》一文，将袁文才描绘成"有中学文化的诡计多端、狡诈凶悍的土匪首领"。

不久，袁文才率领马刀队来到了老土豪谢冠南家，把他家的粮食、财物全部搬走，烧掉所有的债契租约，把他全家赶到山上居住。袁文才并没有杀掉谢冠南，而是让他活受罪。作恶多端的谢冠南，最终因惊吓而死。

王佐入江湖

1898年5月，在江西吉安遂川县下庄村水坑，有个叫王樟生的山民家里第五个孩子出生了，取名叫王佐，又名王云辉，小名南斗。王佐2岁时，母亲又生了一个弟弟老六。王樟生家没有多少田地，却有8张嘴巴要吃饭。在生活的重压之下，46岁的王樟生因过度劳累撒手人寰，把生活重担全撂在妻子范辰妹身上。范辰妹无力养活6个孩子，只得将老大、老二送到本村富户范阿义家当小长工，将唯一的女孩老三寄养在娘家，自己带着更小的王佐三兄弟谋生。后来范辰妹再婚，过了3年像样的生活，王佐也因此在村上读了3个月的私塾。不久继父染病身亡，王佐无钱继续上学，便来到舅舅家放牛。

王佐12岁那年，姐姐出了嫁，他又投靠到姐姐的婆家生活了3年。姐姐、姐夫见王佐渐渐长大，就送王佐到宁冈半岭村的远房亲戚王艾祥家去学裁缝。王佐心灵手巧，手艺学得很快，裁缝活做得特别出色。王艾祥对王佐这个徒弟非常满意，经常带着他到邻近的十里八乡走家串户，有时还到永新、遂川等地去做衣服，王佐因此长了不少见识。

王佐不仅掌握了裁缝手艺，还广泛地接触了

社会，目睹了广大劳苦农民极为贫困的生活境况，看到了官府豪绅沆瀣一气压榨民众的不平事。这在他幼时起就承受苦难的心灵中，积淀了反抗剥削阶级的“基因”。

王佐跟着师傅学了 3 年就出师了，他可以怀揣铁尺剪刀，加上一把熨斗，独立奔忙于方圆几十里的山乡。人们渐渐地知道有个年轻而手艺精、为人豪爽的南斗师傅，尤其家道贫苦的人家喜欢请他到家里上工。

王佐 18 岁时，已经长成一个俊朗健壮的后生，往人前一站就显示出粗犷威猛的气质。王佐长年在外行艺，深知武功护身的重要性。山上常有盗匪出没，发生谋财害命的事情。正值血气方刚的王佐，决心向邻近村的武师王冬文拜师学艺。王佐习武心诚，又能吃苦，在师父的悉心教导下，长进很快。王佐意志坚定地舍弃了一年多的行艺时间，专心致志地向师父习武练功。功夫不负有心人，师父王冬文对王佐的功夫越来越认可。

20 世纪 20 年代初的中国，正是军阀割据混战的年代。地处湘赣两省边陲的井冈山也被赋予了

"时代特征"，成为众多穷苦百姓不堪忍受官府豪绅欺压而竖旗举义的营寨，也成为散兵游勇从四方流窜而来的栖身之地。

湖南祁阳人朱孔阳，是行伍出身，曾在军阀部队中任过营长，因为部队哗变，率领40多人从湘入赣，辗转来到茶头坪落草。朱孔阳在战场上被炮火震坏了耳朵，听力受到影响，被人称作"朱聋子"。

有枪便是草头王。朱聋子的队伍在茶头坪驻扎不到半年，他又相中了井冈山这座条件更为优越的营寨，于是便搬到这里来设立巢穴。朱聋子队伍的到来，使得这个几乎与世隔绝的深山村落，突然热闹起来。近百人的队伍，吃穿用戴，一样不能少。他们"吊羊"得来了许多布匹，自然需要有裁缝来缝制衣服，而一般的乡村裁缝，不敢到被人称作"土匪窝"的井冈山来。这样，王佐就成了最合适的人选，因为他年轻胆大，手艺又好。王佐被山上的绿林弟兄们请到了井冈山，为他们缝制衣服。接连几个月下来，王佐与朱聋子和他的弟兄们混得很熟，天南地北无话不讲。王佐第一次在朱聋子队伍里缝衣服，就博得了这些人的好感，他们除了给足工钱，还加赏了银圆。

春节一过，王佐又带着铁尺熨斗和一台宝贝似的旧缝纫机，来到井冈山，继续替朱聋子的队伍缝衣服。朱聋子早已知道“南斗师”武功高强，看过他表演拳术和舞棍，觉得队伍上还没人能打得过他。

这天，朱聋子请王佐一起喝酒，向王佐敬过一巡酒后，便歪着头眯着眼睛问道：“王老弟，你想不想多赚些钱呀？”

王佐回答道：“多赚钱？想呀，怎么赚呀？”

朱聋子喝下一口酒，意味深长地说：“你老弟是个精明强干的人，大男人何必手里捏着一枚小针线？放着赚大钱的机会，却在这儿干什么一针一线的活儿？”

王佐被朱聋子说得一头雾水。朱聋子嘿嘿地笑笑，才直截了当地说道：“给我们当‘水客’怎么样？”

王佐听了吓得一跳，“水客”就是替土匪们出去打探消息、踩好线路的人，倒不需要上阵

"吊羊"。

朱聋子见王佐没吭声，又继续说道："其实，跟我们去'吊羊'也没什么不好的，那些家财万贯的豪富人家，放着金条长锈，银圆生霉，我们去取个千儿八百来受用一番，有什么不行？"

朱聋子的这番话，在王佐心里引发了强烈的震撼。他想：是呀，那些平日骑在穷人头上作威作福的豪绅地主，最怕的就是"吊羊"！过去自己也曾发过誓，要把那些"贼牯子"搞得威风落地。现在，朱聋子拉他入伙，不正是机会吗？

朱聋子看上的是王佐身上不可多得的特长——本地人且有精湛的手艺和过硬的武功。他最适合打探情况，是个打着灯笼也难找的最佳"水客"！自己的队伍里每天酒席不断，俗话说"坐吃山空"，"吊羊"可是件大事！

王佐谨慎地答应道："难得朱大哥看得起，我就试试看吧！"

王佐名义上是"水客"，其实是朱聋子的重要参谋，凡是"吊羊"等队伍中的重大决策，朱聋子都让王佐参加讨论。朱聋子的队伍自从有了王佐这个熟悉湘赣边界地形民情的“活地图”后，“吊羊”的行动顺利多了，而且王佐以“兔子不吃窝边草”的思想影响着朱聋子，不在10里范围内“吊羊”。为的是与当地百姓搞好关系，以便更好地生存下去。

王佐常常以裁缝的身份，到酃县、遂川的一些村镇打探“行情”。朱聋子的队伍按照他的策划，每次行动得手都很顺利。朱聋子很是高兴，少不了给他格外的奖赏。王佐总是把银钱递回朱聋子的手上：“为大哥效力那是本分，哪能多要？”这更让王佐赢得了朱聋子和他部下们的敬重。

朱孔阳的所作所为，还是惊动了官府。湖南省府派出一个营的官军，从桂东向井冈山围剿朱孔阳的绿林武装。朱聋子并不慌张，只是将井冈山的营寨摒弃，分为几股躲进了别的大山里。官军们进入井冈山，找到的只是一所空营寨，却抓不到绿林武装的一个人。他们一连转了十几天，终日在大山里疲惫奔波，连朱孔阳的队员们是个什么模样都没看见。这真是“大炮打麻雀”，官军营长明白这个道理，只好带着部队撤下山去了。

杀税警夺枪树旗

这年端午节前夕，王佐向朱聋子告了假，说要回家看望母亲。王佐在家过完节，既不返回井冈山，也不外出做衣服，只在自家闲着。他时常一个人坐在村后的大树下思考着什么。

王佐不愿意回到朱聋子队伍上，是有缘由的。他看不惯这些人花天酒地地过日子。只因“吊羊”来钱容易，便是流水般花费，天天只知道赌牌、喝酒、玩女人。营寨里的女子不够，就到村上乱来，让山民们怨恨在心。过日子没个规划，吃尽用空后才急匆匆地下山“吊羊”。还有一个原因是，王佐待在朱聋子队伍里总是心里不安。这帮人终究还是信不过他的，说不定哪天就遭到他们心狠手辣的暗算。王佐是个自尊心很强的人，寄人篱下看别人眼色行事的生活他不愿意过。况且，他已经从六七个月的绿林经历中，萌生出一种越来越强烈的念头。

不久，王佐来到姐姐家，请姐姐托人悄悄探访哪里可以买枪。最终费了好一番功夫买来了一支毛瑟九响枪和几发子弹。王佐拿着枪摆弄了一番，来到屋后山上，装上子弹，连着击发几次都打不响。他把子弹退了出来，检查枪机，发现是撞针断了。没办法，只好找人修，找谁呢？王佐思来想去，忽然想起一个人，“对，找刁飞林去”。

王佐前一年在下七村行艺时，结识了一个从赣南于都迁来的铁匠刁飞林，虽是二十七八岁的年纪，可他的铁匠手艺很精，能够自造鸟铳。王佐与他意气相投，两人对世事的看法一样，常在一起聊到半夜，成了要好的朋友。

王佐带着那支坏枪来到下七村找到刁飞林，不一会儿功夫他就把枪修好了。王佐和刁飞林在山里试了一枪，果然好使。王佐拉着好友在草地上坐下来，将自己的想法告诉了刁飞林。刁飞林惊喜地对王佐说：“你要拉队伍，太好了！起事以后就告诉我，我也算上一个！”

王佐回到家里藏好枪，就来到茨坪，约好朋友李神龙和另一个好友李克昌到家里来玩。众人围坐在一起喝酒叙话，酒菜热了又热。忽然，王佐起身到外面望望，掩上了大门，回到座位上跟大家说出了心中深埋的想法："这些天我总在想，穷人要想不被豪绅恶霸踩在脚下，无钱无势也无妨，只要挺起腰板同他们作对，还是有路可走的。我想像朱聋子那样，拉起一支队伍豁出来干，你们说要得吗？"

他俩听王佐这么一说，都感到很兴奋，表示愿意同王佐一起干。李神龙说："拉队伍得有枪啊，我们上哪里去弄枪呢？"王佐说："要弄到枪也不难，就看有没有这个胆量。"李克昌拍着胸脯说："这年头活得很憋屈，南斗，你说吧，让我们怎么干，就是上刀山下火海也没什么了不起的。"王佐这才对他们说："遂川县的税警局，每个月都要派人到下庄一带来催收捐税，他们横征暴敛，村里的老百姓敢怒不敢言。不过，他们一次就三四个人，都带着真家伙，我们可趁机干掉他们，夺他们的枪！敢干吗？"

李神龙和李克昌一听，觉得这个不难，纷纷表示赞成。王佐说："只要有这个胆量就好办，待我打探好了，再告诉你们一起行动吧！”

留意打探遂川税警行踪的王佐，很快就得到准确消息：明天有 4 个税警到下庄来收税。王佐立即通知李神龙、李克昌一早就赶来。

第二天清早，二李就赶到王佐家，王佐又在村上叫来两个好友，还有兄长王云龙，6 个人聚在房间里计议。王佐把手往大腿上一拍，说道：“要想吃鱼，总得沾些腥，择日不如撞日，今天就干！”

这天中午，果然有遂川县的 4 个税警来到下庄。带队的税警是个瘦子，颧骨高高的，领着另外 3 个人挨家挨户去催收捐税。

税警们一连走了七八家，户主不是早已闻风而逃，就是叫穷不迭，一个铜板也收不上来。他们骂骂咧咧来到王佐家里，王佐正在杀鸡，直起腰来忙问道：“老总来了，有何贵干？”

高颧骨“嘿”了一声，随即瞪起眼来骂道：“你眼睛长到屁股上去了？欠着这么多的捐税不还，害得老子上门，还问干什么？”

王佐笑吟吟地说道：“老总不要开口骂人，这年头喝粥都没有米下锅，哪有钱交捐还税？”

高颧骨一听更加来气：“装穷叫苦！没有饭吃，杀鸡宰鸭做什么？”

站在旁边的李克昌接过话，说道：“凑在一起打牙祭嘛，难得呢，一年才一个七月半！”

“你横过来放什么屁？没钱交税，打牙祭就有钱？咱不信！”高颧骨翻开账簿，叫着王佐母亲的名字说道：“范辰妹，共欠捐税 127 元 7 角。”

王佐一副大惊的模样，满脸愁容地对高颧骨恳求道：“老总，这捐税的事，我看大家吃罢饭再讲吧。”

高颧骨听说请他们吃饭，正中下怀，便道：“好！好！那等咱们再走过几家就来。”

王佐叮嘱着说：“可要早点返来，过了时间可别怪我哟。”

大约过了个把时辰，税警们不早不迟赶了个正着。王佐心中暗喜，表面上做出无可奈何的样子，招呼他们坐下。税警们也没啥客套讲的，把枪搂在怀里，坐在桌旁大吃起来。

那高颧骨咽下一些酒菜，态度和缓得多了，

也打开了话匣子。王佐等人不紧不慢地同税警们边吃边搭话，见他们碗里的酒少了，立刻给斟得满满的，赶忙献殷勤地说：“我们这儿穷乡僻壤，没啥好吃的东西，让老总们喝寡酒了。”说完，王佐对高颧骨放低声音说：“老总，我的捐税能不能请包涵一下，过段日子再说？”高颧骨迟疑片刻，才点头：“不过挨得过初一，挨不过十五。”王佐满口称谢，趁机又给4个税警碗里添酒。轮到高颧骨时，他按住碗口，说：“喝不得了，醉了怕误公事。”

王佐满脸堆笑地相劝，李克昌和王云龙等人也纷纷助兴，高颧骨盛情难却，只得喝下。不一会儿，他已被灌下了三大碗上等冬酒，使得原先的黄皮脸变得像过夜的猪肝，舌头说话也有些打卷，看样子醉了七八分，而他却开始说还能喝。不单是高颧骨喝得不知道东南西北，另外一个税警也快喝成了一团烂泥。

这伙人当中，王佐的酒量最大。为了灌醉税警们，他已经喝了5碗酒，仍然若无其事。这会儿，王佐见时机差不多了，便对有些东倒西歪的高颧骨说：“老总，去睡会儿吧。”高颧骨木然地点了点头，王佐站起身，故作姿态地打了个趔趄，拿起步枪交给另一个税警，对李克昌道:“帮着扶一扶。”说着两手托着高颧骨的腋下，两人把他扶着进房。

那高颧骨嘴里呼着粗气，不省人事了，完全由王佐两人摆布。王佐用被子给他盖住身子，突然张开两只铁钳般的大手，紧紧地扼住他的脖颈。与此同时，李克昌抓牢他的双手，以整个身子压在上面。高颧骨死命地挣扎着，然而手脚和身架均被牢牢地压住，动又动不得，喊又喊不出，只用了两分钟时间，就咽气了。

王佐见高颧骨已死，立马起身定了定神，同李克昌一道走出房间。回到桌旁，王佐尽量抑制情绪，端起酒碗泰然自若地对那个不大喝酒、神志清醒的税警劝道:“老总，喝深一些！”

这人见王佐他俩在房里许久才出来，心下有所生疑，又忽见王佐的额头沁出了一层细汗，手也在微微抖动，不禁警觉地去提枪。笑容还没有从脸上消失的王佐，举起酒碗猛劈过去，这税警也眼尖得很，赶忙把头一偏，酒碗砸在对面墙上。王佐又一个箭步跨出，双掌同发，使出“双龙窜海”的招式，以推山之势将那人击倒，接着扑上去夺枪。正当王佐抓住枪管之时，那人扣动了扳机，“嘭”的一声枪响，一颗子弹从王佐的腰侧下飞出，把屋里的人吓了一大跳。王佐应变灵活，立即以右手握成拳头，向那税警的鼻梁骨砸去。这一拳下的力道大，打得那人口鼻涌血，王佐趁机用力拽过步枪，倒提起枪托向那个税警头上砸下，那人身子直挺挺地倒在地上咽了气。与此同时，李克昌几个人也解决了另外两个喝得毫无还手之力的税警。

一场惊心动魄的搏斗结束了。王佐见已夺得了 4 支步枪，兴奋地举起一支枪喊道:“舍得一身剐，敢把皇帝拉下马！我们豁出去了，大伙一起干！”

王佐竖旗举义的消息，很快就传遍了周围山区，陆续有人来投奔，几天内就扩充到 40 多人。王佐将刁飞林请上山，连同他的那些打铁工具全部搬过来，刁飞林在山上起炉，开始制造发射锡头子弹的单响步枪。

王佐的势力很快发展起来，经过一段时间的

合纵连横，不仅挤走了从广西来的军阀营长唐光耀、击退了北洋部队的团长牛文田，还与他的妻舅哥罗冬生的一支队伍进行了联合，在遂川一带站稳了脚跟。

02 义结金兰

被迫受“招安”

在王佐拉起队伍准备大干一场的时候，却碰到了一个不好对付的劲敌。这人就是永新县关背东二区的保卫团团总尹道一。尹道一在外混了多年，处世圆滑，得到一帮豪绅富户的支持，拉起了一支百余人几十杆枪的地方武装。1924 年 10 月，江西省督军府成立永新、宁冈、遂川 3 县联防指挥部，尹道一借机爬上了总指挥的位置。

尹道一老谋深算，在他看来，遂川的王佐和妻舅哥罗冬生两支人马是不容小觑的威胁力量，他们结成联盟盘踞山上，又把民众争取到了他们的一边。尹道一分析认为，最现实可行的是拆散王、罗的联盟。对王、罗二人而言，罗冬生的号召能力和治理能力要比王佐逊色不少，且钱权熏心，除掉他比较容易，而且除掉他就像是折断了王佐的一只臂膀。

一天，尹道一设“鸿门宴”将罗冬生诱骗到他那里，最终将罗冬生等 4 个人捉拿，并押往永新县城交由县公署问罪。北洋军和县公署听说捉住了罗冬生这个“井冈悍匪”，下令将其“正法”。

王佐得知罗冬生的死讯后，立即召集各头领开会商议，最后达成共识：靠山吃山，决不轻易离开大小五井和茨坪，切实保护山上的老百姓。至于尹道一一直鼓捣的招安一事，决不随便下山行动，决不上交一支枪。王佐要求部下加强防范，做好应对尹道一团防局进犯的准备。

尹道一热衷于招安王佐，就是想彻底消灭王佐的队伍。他多次到永新县城找县长罗大勉，要求以县公署名义招安王佐队伍，设立新遂边陲保卫团，任命王佐为团总。罗大勉拗不过，只得让永新县公署发文实行招安。尹道一得到了官府的文书，立即派团防副团长肖伯望上山面见王佐。

王佐本想提出苛刻一些的条件，让其为难放弃招安，于是，语气决断地说道：“如果要设边陲保卫团，保护当地老百姓，我们当然义不容辞。条件是不让井冈山百姓缴粮，不用纳税，这里的老百姓太苦了。保卫团的粮饷开支，我们列出款项，统一由县公署拨给，先拨3个月，款到了我们就搞个成立仪式。”

肖伯望从茨坪回来，向尹道一转达了王佐提出的由县公署拨给3个月粮饷的条件。这让尹道一大伤脑筋，他明白王佐可不比罗冬生，不会轻易上当。于是下狠心“舍不得孩子，套不着狼”，只要能消灭王佐的队伍，这些钱粮算得了什么？这叫舍小本得大利。

王佐听说县公署批准了拨给他3个月粮饷，不觉惊喜交加。喜的是尹道一满足了他们提出的招安条件，这大批的钱粮可不是小数！惊的是这样一来，招安之事就赖不过去了。王佐心里一时没了主意，他叫来众头领议论了一番，众人的一致意见是，坚持王佐所说过的两条：改换旗号可以，但不上交一支枪，也不轻易派一个人下山。

王佐与刁飞林、李克昌等人计议再三，决定将改编后的保卫团团部设在小井。就小井的地势而言，若是发生紧急情况，随便往哪个方向的山上一钻，就能轻易摆脱险境。

王佐的队伍正式打出了新遂边陲保卫团的旗号，开到小井驻扎下来。王佐就任了保卫团团总一职，副团总为刁飞林，李克昌、李神龙、石礼保等人为队长、副队长。王佐命部下雇来了工匠和民工，在小井河对岸的坪地上盖起了两栋房屋，作为队伍的驻地。这些长年在山里山外奔波的汉子们，总算有了个安身之所。

这天，王佐也兑现承诺，举行了队伍招安仪式。尹道一知道后，特地派副团长肖伯望送来了一份贺礼，从此，就不再过问王佐边陲保卫团的事了。王佐也就放下心来，一心一意地经营着这支队伍。

几个月过后，1926 年春节前夕，王佐在小井突然接到尹道一派人送来的一封亲笔信，信上说："王团总就任以来，已有数月之久，欣闻新遂边陲境内太平无事，民众安居乐业。想你我之间有兄弟情谊，许久不曾相见，特备下薄酌，请王佐和各头领至仓夏村见面，喝酒叙谈，万望王佐赏脸光临。”信上尽是一些客套话。

王佐心里嘀咕着：“这三四个月以来，尹道一毫无侵犯自己的迹象，也从未邀自己下山。这一回要是不去，会被别人笑话的。”王佐征求师爷胡子扬和刁飞林等人的意见后，大家都赞同可以去赴宴。

这天上午，王佐和师爷胡子扬、刁飞林等人带着挑选出来的 20 多个精壮汉子，赶到与山田垄只有一河之隔的仓夏村。他们走进村中的祠堂里时，看到有不少人在忙碌着张罗，都是团防局的士兵。团防局的师爷连忙出来招呼，请他们喝茶休息，说：尹、肖二位团总不久就会赶到。

王佐也不介意，坐下喝了几口热茶后，就说道：“既然尹团总还未到，不妨我先到村中去看看？”团防局的师爷只好同意，一起跟了出去。刚出厢房，遇上一个 20 多岁的彪悍青年，肩上背着一支步枪。王佐见了那人觉得有些面熟，迟疑着问：“兄弟是……”

“南斗团总，不记得了，我是车坳的杨文斗呀。”那青年主动报了家门。

“哦。”王佐点了点头，正要问什么，又听到杨文斗说：“王团长大概不记得了吧，那一年你带队伍来车坳‘吊羊’，不是剐了黄荀六的羊吗？不瞒你说，黄荀六还是我的嫡亲舅爷呢！”

王佐又是“哦”了一声，心下却是一惊：“杀黄荀六是几年前的事，这个杨后生与我初次见面，怎么会提起这样的事？还有，他是车坳保卫队的队长，到这儿来干什么？”王佐想到这里，又向祠堂外面看了看，只见进进出出的兵丁都是一些强壮汉子，而且身上都不离枪。

王佐突然感到此地凶多吉少，连忙向师爷胡子扬使了个眼色，小声说道：“快走！可能中计了！”

胡子扬心领神会，对厅内的部下们扬了一下手。就在王佐带来的精壮后生们提着枪往祠堂门口涌出的时候，祠堂外面那些团丁也纷纷行动了起来，向王佐他们猛扑过来。

王佐带来的20多人都是武艺高强、不好对付的人，但团防局人多，一下子堵住了王佐的人。王佐顺手抓了一条板凳，左右开弓，连连砸击，就冲了出去。刁飞林也指挥着同来的汉子们打出祠堂门外，护着王佐往村外冲去。

这时，尹道一团防局的团丁们开始向他们放枪，但转眼间王佐他们就冲到了村外。王佐生怕肖伯望带人赶来断后，立即改变了回去的路线，下令从河沿的沙洲奔逃。

王佐机智地逃过了这一劫，差点使整个团防被诛灭。通过这件事，王佐彻底看清了尹道一的真实面目和恶毒用心，他是想彻底消灭王佐的这支队伍。

双雄结拜

住在小井的王佐保卫团，此时感受到内忧外患的双重压力。从外来说，尹道一绝不会就此善罢甘休，需找到再次应对的办法才是；而在保卫团内部，县公署拨给的 3 个月粮饷很快就要吃完了，下一步队伍的给养从什么地方来，现在还没着落，很快就要坐吃山空了。

王佐一直采取“收富免贫”的做法，得到了周围穷苦百姓的交口称赞，但却触犯了豪绅富户的利益，使他们对王佐又恨又怕。与此同时，队伍的经济管理也出现了问题，时常发生有人匿财不报或中饱私囊的事情。

有个绰号叫“斋佬牯”的李云飞，是第一队的副队长，不但贪财，而且好色，以前曾在队伍上惹出几场祸事来，被王佐在众人面前连续训斥和处罚，内心充满了对王佐的不满。

李云飞外出征收捐税时，在一些大土豪“糖衣炮弹”的劝说下，逐渐升腾起怨恨念头，想取王佐而代之。他暗地里向这些富户借了许多钱，收买人心，并选准时机准备下手。

清明节这天，许多队员请假回家祭祖去了，团部住的队员一下子少了五六十人。李云飞感到时机成熟，决定在半夜里行动。他带着联络好的人跑到王佐住的团部来报告，谎称是尹道一攻山来了，企图哄骗王佐开门。王佐听到报告后，感到有些奇怪，于是警觉起来，一直没有安排人去开门。而在外面等候的李云飞有些急不可耐，他吩咐手下的人向王佐的团部发起进攻。

王佐见是李云飞在反水，而且带了不少人把前门堵上了，他赶紧踢断几根窗棂，钻出窗外，纵身跳到院坪里，然后凭借墙角的一根晾衣杆，跳过7尺多高的围墙，往山上跑去。

王佐一口气翻越了两座山头，才在一个山冲里停下来，背靠在一棵大树上歇了一会儿。他怎么也没想到李云飞会造反，好好的一支队伍，没被尹道一消灭，反而被自己队伍中的人整垮了。

此时，王佐心想，刁飞林和师爷回老家去了，现在去找他们回来，趁李贼牯尚未立稳脚跟，打他个猝不及防，夺回队伍？但又一想，可能来不及了。要不去求外援？但又能找谁才靠得住呢？

陡然，王佐想起来了，听说胡亚春的马刀队里有个参谋长叫袁文才，此人读书出身，不但肚里的才学呱呱叫，更兼侠肝义胆，为朋友两肋插刀。王佐想到这里，心头一亮，决定前去找袁文才。主意已定，他朝着黄洋界方向快速走去。

第二天正是吃早饭的光景，马刀队胡亚春听部下来报，说王佐前来寨上。胡亚春满是疑问，不知道他葫芦里卖的什么药。胡亚春来到厅屋里，看见衣衫不整的王佐坐在那里，赶紧热情地打起招呼。

王佐凄然地一笑："我是落了难才来向胡大哥求救的！"接着将队伍内部发生叛乱，仓皇出逃的大致情形讲了一遍，恳切地求道："万望胡大哥伸出手搭救一把，南斗我感恩不尽！"

胡亚春和周桂春等人听到这里，无不唏嘘感叹，大骂李云飞狼心狗肺、忘恩负义。

王佐在人群中看了一遍，还是不知道谁是袁文才。于是对胡亚春迟疑着问："袁文才参谋长我还不认识呢。"

"哦，二当家的昨天带人到酃县十都搞子弹去了。"部下铁丁角代为回答。

王佐听后心里沉了一下，只得听胡亚春的安排去洗澡更衣。

胡亚春心里明白：王佐此番前来是求助于自

己的，要从马刀队借人借枪去平息叛乱，究竟帮不帮他？偏偏袁文才一时不在，让他拿不定主意。正值这作难之际，谢角铭推门进来了。

年近五旬的谢角铭，既是袁文才的老师，也是他妻子的叔叔。袁文才在马刀队升任为参谋长后，将他引荐来接替了马刀队的师爷。谢角铭到了马刀队以后，行事周全，为人谦恭，特别是遇事拿得出主意，颇得全队人的敬重。

谢角铭笑眯眯地说："大头领，何必做下养虎遗患的蠢事来？"

胡亚春反问道："你是说不要帮他王南斗？"

谢角铭敛起笑意，用右手做了个狠狠砍下的动作，说道："机不可失啊！"

"哦？"胡亚春有些惊讶："怎下得了这个手？"

谢角铭见胡亚春陷入思索，又以决断的口吻说："大头领，有句古话，就是卧榻之侧，岂容他人鼾睡，你与王南斗素无交往，为何这般心慈手软？"

胡亚春心下踏实多了，站起身说："好了，把他灌醉再……"他有力地挥了一下巴掌，做了个

“砍掉”的动作。

中午，马刀队办酒席为王佐压惊，头领们都来作陪。王佐原本是落难来投，没想到这么盛情，心中大为感动。在轮番劝喝下，竟喝得酩酊大醉。

胡亚春见状，便向铁丁角使了个眼色。铁丁角会意地站起身，架起王佐进房间休息。

这时，忽听得有人报告说袁文才和周桂春已从酃县回来了。袁文才和周桂春刚进屋来，指着满桌的菜碗问道：“又来了什么客人？”

胡亚春对袁文才极为信任，便把王佐来投和正派铁丁角解决他的大致情况说了。袁文才听了急忙叫道：“糟糕！赶紧去叫铁丁角，不得下手！”

站在一旁的李少恒连忙跑了出去。袁文才又转向胡亚春，带着埋怨的口吻说：“大哥，怎么能做这种事呢？”

胡亚春大感意外，反问道：“怎么，不该搞掉他王南斗？”

袁文才沉缓地说：“人家遇难的时候前来求助，那是信得过大哥。而我们非但坐视不救，反而落井下石，事情一旦张扬出去，大伙日后咋做得起人？将心比心，谁能担保日后不求别人，倘若……”

袁文才还未说完，谢角铭从后面转上来，有些发急地说：“哎，这历代豪强的成功之道，难道你忘记了？”

袁文才看了谢角铭一眼，说道：“不可想得太远而忘却了大局！我们和王南斗是一路旗号下的人，要紧的是如何对付官军的进剿！绝不是内部自相残杀。他们的队伍能够强盛起来，不是能和我们互为掎角，共同呼应吗？井冈数县地域宽广，豪强富绅到处有，何以谈得上争夺地盘？”

袁文才说到这里，把目光望向胡亚春：“大哥，你来定夺吧！”

胡亚春略略一想，挥手说道：“好，这件事嘛，大伙把它沤烂在肚子里算了，对王南斗做个好朋友看待吧。”

众人频频点头。袁文才说：“这样最好，我也去看看他王南斗。”

王佐大醉后，一直睡到次日早饭后才醒来，正在穿衣，胡亚春同袁文才走进来，袁文才亲热地打起招呼：“南斗兄弟，睡好了吗？”

“你是？”王佐觉得此人眼生，正在迟疑，胡亚春介绍说：“他就是参谋长袁文才呀！”

“啊，你几时回的？”王佐惊喜地上前拉着袁文才的手。

袁文才回话说：“昨晚回来的，见你睡着了不便打扰。”

“承谢胡头领盛情款待，昨晚喝得烂醉，出丑了！”王佐含着歉意回话。

3 个人在房里坐下，王佐又将内部发生叛乱，自己仓皇出逃，到这里求助的情形又说了一遍。袁文才深表同情地说：“南斗兄弟，不必讲‘搭救’一类的话，有道是唇齿相依，我们理应相帮。大家都是最痛恨‘斋佬牯’这类居心不良，脑后长着反骨的家伙。将人比己，你放心好了，胡大哥会派人随你回茨坪重整队伍。”这一番感人肺腑的话语，如同涓涓细流冲进王佐的心里，使他大为感动。

吃过早饭，袁文才陪着王佐到野外散心，来到一片大枫树下倾心交谈。王佐爽直地将拉起队伍的经过告诉袁文才，袁文才也讲述了自己的身世。

两人相谈甚欢，十分投机，都有一种相见恨晚的感觉。

下午，袁文才与胡亚春商量，决定由周桂春带领30个弟兄，随王佐去茨坪，一切听他的调遣。定妥之后，袁文才把这些情形告诉王佐，王佐极为感激。两人又聊了许久，王佐忽然发问："你是何年所生？"

"光绪二十四年。"

"噢！"王佐听了，有些激动地说："我的生辰与你相同，也是光绪二十四年所生。不过，你是读书人出身，文韬武略都好生了得，而我是一个大老粗，你要是不嫌弃的话，我俩结个同年兄弟，你看怎么样？"

袁文才不胜兴奋，连声说道："好！好！我这就去弄些酒水来。"

不多久，袁文才提来一只红毛公鸡和一壶水酒，将酒倒在碗里，将公鸡头剁下，把鸡血滴在酒中，各自捧了一碗对天起誓。袁文才面对上面的神桌，庄严发誓道："文才与王佐义结金兰，从此便是兄弟，福祸相共，永不分离，苍天神明，可鉴

此心。”

王佐接着虔诚地起誓：“不求同年同月同日生，但求同年同月同日死！日后有福同享，有难同当！”

两人起誓完毕，交换了手中的血酒，各自仰起头一饮而尽，然后满怀深情地互叫了一声“兄弟”，两个人紧紧地相拥在一起。

不久，在袁文才的帮助下，王佐回到茨坪，一举灭除了叛贼，重新整起了队伍。

03 走向革命

保卫团举义

1926 年春夏之交，中华大地风云激荡，国共两党携手合作，共同向帝国主义列强和北洋军阀发起进攻。中共中央指示湘赣两省的党组织，速派一批党团员回原籍去，发动工农民众支援北伐战争。

派回宁冈的两名党员龙超清和刘辉霄，均为土籍富家子弟。龙超清已担任中共南昌市委组织部部长，刘辉霄是省立二中的学生。

龙、刘二人在家联络了从外地回乡度暑假的 40 多个学生，在龙江书院成立了“文明社”，宗旨是温习功课，增进友谊。他们将进步书刊《向导》《先驱》等，送给那些追求进步的同学看，宣传革命道理。经过观察培养，将刘克犹等3个进步青年吸收到党内，成立了中共宁冈党支部，由龙超清担任书记。

8月底，中共宁冈党支部在龙江书院秘密开会，讨论今后的斗争策略。龙超清和刘辉霄都认为，县长沈清源手里有枪，要革命就一定要设法掌握一支武装。刘辉霄一下子想到了昔日的同窗挚友袁文才，说道："袁文才不是在马刀队任参谋长吗？他疾恶如仇，名声很好，若能争取过来，就不愁没有武装了。"

龙超清问道："你是说动员他下山来革命？"

刘克犹插话说道："我看是可以的。袁文才与腐败的县政府势不两立，他是被逼上山的！"

大家听后都表示赞同，认为政府对马刀队进剿多年，不能平复，若能招安过来，县长沈清源何乐而不为？至于袁文才为人机智，只要向他陈明利弊，他能不考虑？大家决定先把沈清源这一关打通再说。

龙超清几个人以"文明社"的名义，最终说动了县长沈清源。沈清源笃定袁文才不会下山，便由着龙超清他们去劝说。

这天晌午，龙超清 3 个人自新城来到半冈山，按照党支部设想去游说袁文才。见到两个昔日同窗来到，袁文才很是惊喜，刘辉霄、刘克犹把龙超清介绍给他。接着，袁文才带他们 3 个人拜见了胡亚春，并设宴为他们接风。

当晚，4 个人在袁文才房里叙谈。老朋友相见，自然要把自己心中的怨恨倾诉一番。袁文才喟然长叹后，把与谢冠南结下怨仇、北洋兵打死老母、最后被迫投奔马刀队等经过叙说了一遍。龙超清 3 个人听后深表同情，逐渐引导着说起招安之事。袁文才这才意识到，他们此行的目的恐怕是来劝说他，于是断然拒绝。

龙超清 3 个人表面上不露声色，但还是一唱一和地把话往这方面引。刘辉霄说道："官府要借招安之名行吞并之实，我们何不将计就计？这样的事历代不乏先例。"

刘克犹着重阐述了马刀队如何利用招安的机会，以求发展的重要性。接着龙超清因势利导地劝道："袁兄，现今北伐军在湖北战场连连获胜，北洋军阀的垮台，国民革命的兴起，那是肯定无疑的事情，到那时候，你们还要在山里做那终无结局的山大王？”

袁文才缄默不语，心里却觉得有道理，不由得思索起来……

次日下午，4 个人又在房里聊天，袁文才突然笑着问道：“敢问诸兄，实话实说，你们是不是共产党？”

3 个人坦然地看着他。袁文才没等他们回答，又说道：“你们前些时候在西沅几个地方办农民协会，被沈清源取缔，今番又来劝说招安，我是观其行听其言嘛！”

刘辉霄笑着道：“袁兄不必猜疑。不过，共产党倡导打倒帝国列强、推翻封建统治、解救劳苦大众的宗旨，咱们是赞同的。之所以力劝招安，一是为袁兄及马刀队的前程着想；二是为消除家乡的土客籍争端，增进百姓间的团结。”

袁文才问道：“沈清源并非庸辈，他能同意招安？”

龙超清如实说道：“他是断定你们不敢下山，

才给个顺水人情，让咱们来试探一下。”

袁文才仍然忧虑地说道：“我担心的是日后重蹈了以前被招安人的覆辙，落得个斩首的下场！”

刘辉霄劝道：“事在人为，世上没有走到底的直路，这次是个良机，袁兄不可错失！”其实，袁文才昨夜通宵未眠，对招安一事有所松动，便道：“此事非我能定，还得胡大哥点头。”

随后，4 个人来到胡亚春房里，由刘克犹介绍了招安的事。胡亚春听罢怒起心头，只是看袁文才的面子才没有骂起来。龙超清 3 个人不慌不忙，就其利害所在，讲出一层层的道理，胡亚春听了大为开窍。袁文才见胡亚春怒气渐消，说道：“几位学友说得极是，欲求生存和发展，这是一个好机会。沈清源和一帮豪绅要借机暗算我们，我们也可将计就计，从中利用？他有关门计，我有跳墙法，为了弟兄们日后的前程，大哥不妨考虑考虑。”

晚上，胡亚春和袁文才撇开龙超清 3 个人，召集大小头领另作计议。一帮头领竟大都赞同。胡亚春见不好违拗大家的意思，便同意与县公署谈判，但要派出 7 个绅士来此作抵，实为人质。

龙超清3个人回到新城，沈清源见事情居然有了眉目，又不好改弦易辙，便召集两籍的30多个豪绅富翁在县公署讨论招安一事，最终议妥了招安之事。

胡亚春见豪绅人质到来，这才慌了神。他思忖了许久，担心日后祸生不测，又知道下山后肯定不如在半冈山快活自在，决计找个借口留下来，推出袁文才去冒险谈判。

谈判地点选在上坑村，县公署的代表是沈清源和龙清标。龙清标是全县颇有名气的人物，民国十二年任过宁冈县长，世故圆滑，心计颇深，被一班豪绅视为智囊。马刀队的代表是袁文才和周桂春，龙超清与刘辉霄也应邀参加。

谈判开始后，沈清源先是假仁假义地客套了一番，然后藏头露尾地提出：马刀队招安以后，枪支归政府调配使用，人员也由政府调整。袁文才不卑不亢又针锋相对地指出："受抚后只能单独编队，人员不可拆散，枪支归己使用，政府确保粮饷开支。"双方争了许久，龙超清等人也暗中助力，沈清源见袁文才态度坚决，只得答应了几项条件。

1926年8月上旬，袁文才率领马刀队抵达新城。没过几日，马刀队被编为宁冈县保卫团，袁文才任团总，县公署核定编制60人，粮饷从全县的田赋中支出。

胡亚春害怕招安后有朝一日遭到官府的暗算，同时放弃不下那山上的自在生活，便以留下老本作为接应为理由，带了几个弟兄留在了半冈山。

龙超清见马刀队已被招下山来，便加紧了争取袁文才的活动。刘辉霄、刘克犹经常利用同学的身份，找袁文才谈话。这一日，大家在袁文才房里海阔天空地闲聊，谈到井冈山一带的近代绿林人物，刘克犹道："这些人率领百姓揭竿而起，都是官府豪绅逼迫出来的。不但这种小规模的反抗到处有，就是震撼全国的农民大起义，历朝历代也持续不断。可是，这种延续了上千年的反抗斗争，除了把历史的车轮一步步地推向前进，本身没有一次获得了成功，全都失败了！"

袁文才道："不尽然，汉高祖与明太祖历经10余年苦战，不是夺得了天下？"

刘克犹又道："他们是做了开国皇帝，但他们与历史上任何皇帝一样，仍然骑在人民头上，成了新的统治者。他们既是农民起义果实的攫取者，又是农民起义的背叛者，最终还是被新的农民起义推翻。”

袁文才听后，迷茫地问道：“你说得很有道理，这是什么原因呢？”

龙超清接话说：“原因只有一个，就是没有为天下劳苦大众着想。刘邦、朱元璋这些人起义当初也抱定解民倒悬、推翻朝廷的宏愿，而大功告成后，就把这些宏愿忘得干干净净，自己成为人上人，哪还顾得上老百姓的死活？”

袁文才听了，点头说道：“是啊，这个政党、那个主义，谁不标榜自己为国为民？有谁真正这样的？”

龙超清道：“当然有哇！共产党！”

袁文才接着问：“共产党的政治主张倒是好，可是言行是否能一致呢？”

听了这话，龙超清解释道：“共产党的纲领和行动当然是一致的，它代表着无产阶级的根本利益，其最高目标就是消灭剥削制度，解放普天下的穷苦百姓。”

龙超清他们见袁文才对这样的长谈并不厌烦，还饶有兴致地问这问那，便深入浅出地解释起来。对于这些新鲜的道理，袁文才有的能够领悟，有的似懂非懂，他感觉到自己过去内心隐秘着的不解疑团，正被一层层地揭开。

这时候，江西的局势骤然紧张起来，北伐军已逼近南昌。孙传芳要在南昌一带与北伐军决一死战，便把派驻到各县的北洋兵抽回去了。北洋兵撤走的第二天夜里，龙超清和刘辉霄来找袁文才。龙超清向袁文才提出了保卫团起义的事，说道：“袁兄，趁着清乡局羽翼未丰，我们抢先动手吧！不然，用不了多久，他们就要张开血盆大口向我们咬来的。”

袁文才用力点头说道：“我们是想到一起来了，这帮家伙嘴上讲得好，对保卫团压根儿就没安什么好心，眼下我们只有先下手为强，敲掉他们的牙齿！现在正是动手的时机！”

10月上旬的一个深夜，保卫团的队员们都被叫起了床，集合在厅堂里。袁文才向队伍扫视了一遍，说道：“大家知道吗？清乡局要暗算我们，这些天就会动手了！我们不能伸长脖子等死吧？先下手为强！打掉清乡局！活捉龙清标和沈清源！”

队员们听说马上就要动手，一个个兴奋起来。袁文才宣布了行动计划，然后下令出发。

保卫团借着月色从西门出城，来到清乡局驻扎的巽峰书院外。书院门楼下挂着盏马灯，有两个哨兵在那里打瞌睡。袁文才派人把两个哨兵撂倒，故意引他们出来，大部队在外面埋伏。

不一会儿，书院大门口响了五下枪声，尖厉震耳的枪声把清乡局的人惊醒过来，手忙脚乱地起了床，在中厅天井里集中。忽然从对面山坡的竹林里飞来一排排子弹，清乡局顿时被打倒八九人，其余的赶紧退入门内，慌手慌脚地关上大门。

这时，保卫团抬来两根木头，齐心协力撞开了书院大门，队员们呐喊着冲进去，将清乡局顺利消灭。随后，保卫团一鼓作气，占领了北洋军阀的县公署。

往日宁静的新城沸腾起来，龙超清和袁文才组织了声势空前的大游行。走在最前面的是龙江、巽峰两书院的学生，他们打着巨幅横联，红的上面写着：“拥护国共两党，打倒帝国列强！”绿的上面写着：“推翻豪绅统治，实行工农革命！”标语后面是千余人的队伍，一路上鞭炮轰鸣、口号不断。

站到党旗下

为适应新的形势，龙超清等人根据上级指示，正式成立了中共宁冈县委，由龙超清担任书记，刘辉霄、刘克犹任宣传、组织委员。在行政上，成立了县人民委员会，袁文才被选为军事委员。接着，县委决定把保卫团改为县农民自卫军，袁文才坚决拥护工农革命。县委决定举行一个改编仪式，并把从清乡局缴获的枪支全部送给农民自卫军，袁文才队伍上下一派喜庆。

10月下旬，全县各地的民众组织，如雨后春笋般地建立起来。广大民众掀起了一场“打倒帝国列强、打倒贪官污吏、打倒土豪劣绅”的斗争热潮。那个在宁冈任职多年的北洋县长沈清源，由农民自卫军押送着驱逐出境。

蓬勃于宁冈全县的工农运动，引起了地主豪绅阶级极大的恐慌。数月来，宁冈先后有 7 个劣绅逃到吉安、南昌两地。

不久，国民党江西省政府派出林笑佛出任宁冈县县长。林氏抵达新城，先是拜会了龙超清等人，还到农民自卫军驻地看望袁文才，言谈中不离“国共两党携手合作”“实行新三民主义”等话，让人备受鼓舞。然而林笑佛嘴上说的与实际做的大相径庭。他私下活动，联络豪绅阶级势力，将从省城带来的 18 支枪交给原来清乡局头子谢述庭等人，重新建立县警卫队，又从县财税收入中拨出款项，指使劣绅李树兹购买枪支弹药。林笑佛的这一举动显然是要建立保护豪绅利益的武装力量，与农民自卫军抗衡。在工农运动方面，林笑佛限定各区的农会组织不可超过 5 个，农会会员在 500 人以下，并规定农会清算土豪须经县政府核实后批准。对于农民自卫军的粮饷供应，林笑佛卡得很紧，非但不给增加一分钱，还拖延时间拨付。

林笑佛的所作所为，龙超清和袁文才看得清清楚楚，袁文才气愤地说：“我看这个县长，简直就是工农革命的绊脚石！”龙超清接过话：“绊脚石既然挡道，当然要搬掉。看来这个任务非你莫属呀！”袁文才明白自己的责任，点头作答：“交给我吧！”

新成立的县政府警卫队有 20 多支枪，袁文才没有小觑这支武装，就与李筱甫、周桂春等人研究了一个对付警卫队的方案。这天上午，袁文才探知警卫队有两个班去砻市执行公务了，只有 1 个班 8 支枪留在县政府。袁文才带着农民自卫军 20 余人来到县政府，直接进入林笑佛办公室，声称是要与林县长交涉农民自卫军的粮饷问题，却遭到警卫队的阻拦。两军开始是肢体接触，后来发展到动枪动刀了。混乱中，林笑佛被自卫军击毙。随后，警卫队的那些兵丁也全都缴了枪。当日中午，袁文才与李筱甫率领农民自卫军，按照县人民委员会的告示，又将警卫队另外两个班的枪支全部收缴。

江西省政府在接到宁冈县人民委员会呈上去的《为闹饷一事枪支走火误毙林县长笑佛》的报告后，又先后派出了两任县长，但蓬勃发展的工农运动和革命形势，将两任县长吓坏了，都对袁文才的这支60多支枪100余人的农民自卫军感到胆战心惊。

面对蓬勃兴起的工农运动，中共吉安地委决定在吉安开办农民运动训练班，给各县分派了学员名额。

消息传到宁冈县委，龙超清与刘克犹、刘辉霄等人商议派袁文才去。刘辉霄说："应该让文才增进对革命理论的了解。而且依我看，应该把他吸收到党内来！"龙超清和刘克犹都赞同这个想法，刘克犹还说："我再找他谈谈。"

一天晚上，袁文才主动找刘克犹谈心，他们俩一边走一边聊，但今天袁文才说话有些吞吞吐吐的，不像往常那么爽快，似乎有什么话想说又说不出口。刘克犹开起玩笑说："文才，这可不像你啊，怎么一下子像个小姑娘一样了。"袁文才被这么一激，只好道出了心里话："克犹，我冒昧地问你，像我这样的人，能加入共产党吗？"

刘克犹停下脚步，转向袁文才，外面虽然较暗，但能感觉到袁文才炙热的目光，刘克犹不由自主地握起袁文才的手，肯定地回答道：“能！你能够加入共产党！”

袁文才听后，既惊喜，又有些自感惭愧地说：“我自己是从山野绿林中走出来的，也就是别人说的土匪出身，共产党如能要我这样的人，我就死心塌地地跟着共产党干了！”

刘克犹说：“共产党是广泛吸收各阶层有这种愿望的人，使之成为它的先进分子。你在绿林中干过，那是被官府豪绅逼迫出来的，是一种反抗阶级压迫的行动，这本身就是光荣的斗争历史，共产党欢迎你这样的人！”

“我明白了！”袁文才激动地说：“克犹，我想加入共产党，你看该怎么办？”

袁文才这是在向党组织郑重提出口头上的申请，于是，刘克犹告诉他：“你有这样的要求，但我不能说了算，我得向县委报告。”他又补充道：“你提出了自己的要求，这是一方面，更为重要的另一方面，是要有行动上的表现，要以自己的革命行动来验证，这才是真正的共产党员。”中共宁冈县委非常重视袁文才加入党组织的事，专门进行了讨论，

确定由龙超清和刘克犹担任袁文才的入党介绍人。

1926 年 11 月的一个晚上，在新城城隍庙的一间屋子里，中共宁冈县委为袁文才举行了庄重的入党仪式。曾是绿林头领的袁文才，经过大革命风雨的洗涤，思想觉悟有了很大提高，终于站到了中国共产党的旗帜下。

1927 年 2 月初，训练班在吉安孔庙开办，来自赣西各县的学员共有 50 余人。宁冈县参加地委农训班的有 4 人，即刘辉霄、谢希安、袁文才和邱凌岳。

这是袁文才平生第一次较为系统地接受到无产阶级革命思想的教育，更为切实地理解什么叫共产党组织，什么叫共产主义运动。过去脑子里许多似是而非、一知半解的政治疑问，像春笋剥皮那样透彻起来，逐渐产生了思想上的裂变。作为一名新党员，他如饥似渴地学习党的先进理论知识，同时结识了湘赣边界各县的党组织负责人及工农运动的骨干贺敏学、贺子珍兄妹及王怀、刘真等人，从他们身上看到了共产党人的真正形象。

为期 12 天的农民运动训练班结束了，袁文才满载着思想上的收获，与刘辉霄等人回到宁冈。回到新城后第二天晚上，袁文才又去看望了刘克犹，一见面，他就深有感触地说道："茅塞顿开啊！这回在吉安受训，算是领略到了。"

"哦，有些什么感觉呀？体现在哪些方面？"刘克犹也很想听听这位新党员的思想变化。

"要说感觉，最深的莫过于对一种主义、一个政党的了解，廓清了不少以前思维意识上的模糊，现在心里感到亮堂多了。吉安 10 余日，胜读十年书。咱们党的学问真是学不完……"

自此，这个在乱世中漂泊打拼、上下求索的绿林头领，在思想上、行动上自愿地靠拢在马克思主义信仰之下，并确立了为党奋斗终身的坚定信念。

永新大营救

王佐自从在小井挫败暗杀阴谋后，已有 4 个多月不曾离开五井区域了。他派出的侦探人员潜到山下，带回各种消息。这些消息新奇古怪，让王佐听得摸不着头脑，这世道怎么变了个样?

许多事情，是王佐和队员们闻所未闻的。特别是自己的好兄弟袁文才，在这几个月里一连串的作为与转变，让他惊讶得不得了。他发现永新、遂川这些地方与宁冈的情形一样，也闹起了共产革命。这种革命让那些穷得家无隔夜粮的农民，成群结队地到豪绅家吃大户，还押着那些为富不仁的豪绅戴着高帽子，敲锣游行。很多地方办起了农民协会，一切权力都归农会，穷苦人真的坐天下了。

正当王佐茫然不解什么叫共产革命，农民协会为何有这么大的权力，袁大哥为何甘愿跟共产党干的时候，共产党员袁文才却找上门来了。

原来，上海发生四一二反革命政变一个多月后，5 月 21 日长沙又发生了屠杀共产党人的“马日事变”。紧接着江西省政府主席朱培德也“礼送”共产党人出境。驻守吉安的滇军第 3 军第 27 师待令而动，准备随时以军事行动“清共”。

袁文才预感到敌人将会疯狂地向革命发起进

攻，而农民自卫军将首当其冲。他与龙超清等人商议，决定农民自卫军撤出新城退守茅坪，县委也一道同往。

7月上旬的一天，袁文才坐在殿门右角的石级上思考着自卫军发展问题，有部下急匆匆地跑来报告说："从永新来了一个贺姑娘，叫贺子珍……"袁文才听后，连忙起身去迎接。

这时，几个队员陪同年轻女子迎面走来，袁文才惊喜地喊道："贺子珍，真是你？"

身材高挑的贺子珍奔到袁文才跟前，语气急切地告诉袁文才："我们永新出大事了！有80多个队员被捉起来了！"

袁文才听后感到很惊诧，急忙问道："他们现在在哪儿？"

贺子珍愤愤地向袁文才讲述了事情的发生经过：与宁冈毗邻的永新县，国民党右派与共产党进行着激烈的暗斗明争。1927年6月初，右派首脑人物周继颐、陈子韶等，纠集了500多人在县城集会，声援长沙"马日事变"，反革命的气焰嚣张至极。中共永新县委连夜研究对策，决定严厉打击右派势力。次日，刘真、贺敏学等人指挥县农民自卫军，逮捕了周继颐等 7 个右派首恶分子及劣绅代表，但走脱了陈子韶等人。

陈子韶他们先在曲江隐蔽了几天，又潜到北乡合东联络劣绅等反动力量。劣绅们买通永新北乡的两支土匪队伍，于 7 月 9 日晚上偷袭县城北门。而陈子韶事先收买了县工人纠察队的教官肖金然，他从哨兵那里取得城门钥匙，打开城门，匪徒们一枪未发就袭进了城内，兵分两路向天主堂和县商会抄去。工人纠察队和农民自卫军的枪支大多数被缴去，刘真、贺敏学等 80 多个队员落入敌手，被关进了监狱。战士们除少数人拿起枪支抵抗了一阵，从侧门冲出去，其余人尽被缴械。

贺子珍与另一个女队员龙家衡住在其他地方，侥幸逃脱。天亮之后，她们偷偷来到秋溪乡农协主席李松林家，商量营救的办法。最后决定派人去探狱，把密信带进去。

第二天下午，派去探狱的几个妇女回来，把进到监狱的情形向贺子珍说了一遍："你阿哥一定没有看到你的信，他还发怒，说这粽子没煮熟，丢出到门外，我看着可惜，就捡了回来。”贺子珍看着篮里的脏破的粽子，心想：“莫非粽子里有情报？”她一个个地剥开，等剥开第二个粽子时，发现有一个纸团，贺子珍展开一看，上面写着：“速找宁冈袁文才，安福王兴亚营救。”贺子珍心里一阵激动，对龙家衡说：“我们分头行动，你去安福找王兴亚，我去宁冈找袁文才，18 日我们在东门外会合攻城，营救被捕的同志。”

贺子珍讲完这些，恳切地对袁文才说道：“袁大哥，现在就靠你了！”

袁文才皱着眉头说道：“救人那是责无旁贷的。问题是两支土匪有 200 支枪，我们农民自卫军就这么些力量，安福王兴亚那儿能不能及时赶到？两家合在一起能不能打下县城？要是这一仗不能取胜，反动派就会对监狱里的人下毒手的！”

贺子珍焦急地说：“是呀，那该怎么办呢？”

袁文才突然想起王佐，说道：“我的兄弟王佐也有几十支枪，请他出山一起干。我这就去请他！”

袁文才在天亮前赶到王佐那里，并说明了来意。

王佐听后，果断地说道："袁兄连夜赶来，难为兄弟亲自上山，救人如救火，我们立马出动，全力救出落难的弟兄，夺回枪支！"

当天下午，王佐率领 150 多个人赶到新城，宁冈县委也组织了 300 多个农民参加攻城。傍晚时分，近 600 人在北门坪誓师。袁文才是这次攻城的总指挥，他大声说道："永新的反动派勾结土匪攻进了县城，把被抓的革命同志关进了班房，我们不能眼睁睁地看着他们葬送在敌人的屠刀下，一定要打下县城救出他们！"

担任副总指挥的王佐也说道："永新的反动派好可恶！一下捉了我们这么多的人。真是要翻天了！对这帮家伙没什么讲头，就像铁匠干活，只有一个'打'字！消灭反动派，救出弟兄们！"

攻城的队伍到达永新县城外，这时，安福的农军还没有赶到。袁文才望着微微发白的东方天际，转身对众人说："开弓没有回头箭，事已至此，不打也得打！王兴亚他们不能来，我们豁出来干！永新的反动派也没啥了不起的！"

王佐也催促道："打吧，不能再等了，天亮就不好打了。”

袁文才下达命令后，大家按照事先的布置，分头向县城发起了进攻。永新县城的东、南面有条禾河，河宽十几丈，只有东门外的冬瓜潭浮桥可进城。周桂春带领的尖兵班悄悄接近桥头，将匪徒哨兵消灭。李少恒领着队伍跑步跟进，还没有接近城墙，城头上飞来一排排子弹，五六个战士伤亡。周桂春见敌人已有防备，难以强攻，传令队伍退了下来。

这时，安福王兴亚的农军也赶到了，袁文才下令所有的步枪、铁铳和三眼铳一起向城头射击，压制敌人的火力，掩护 30 多个战士扛着云梯爬城。当战士们运动到城下，刚刚架起云梯时，城墙上又射下一阵弹雨。带队爬城的周桂春见敌人居高临下，强攻势必造成重大伤亡，再次下令撤退。

周桂春急忙跑到袁文才和王佐跟前说：“敌人防备很严，蛮攻可能造成更大的伤亡。”袁文才望着城墙思索了一会儿说：“我们不可在一棵树上吊死，来个金蝉脱壳吧，我带着敢死队绕到南门去，你们在这儿拖住城头上的敌人。”

袁文才带领着敢死队刚到南门，天空忽然噼噼啪啪地落下黄豆大的雨点，一阵紧似一阵地倾泻下来。这是夏天常见的“过伞雨”，下的时间不长，势头却猛，霎时间天昏地暗，连对面不远的城墙都看不清楚。

袁文才大声喊道；“弟兄们，天助我也，要破城就在此时！”敢死队员们冒着大雨，架起两张云梯迅猛爬城。南门城墙上守敌有六七十个乡勇，他们被大雨淋得睁不开眼，一个个缩在城垛下躲雨。敢死队的突然出现，吓得他们手忙脚乱，仓促应战。

随着登上城墙上的人不断增多，农军队员们杀得这些乡勇四下逃散。这时，城门被打开，牛角号响起，农军从四面八方涌入城内，匪徒们难以招架，纷纷从北门往小禾岭方向逃窜。袁文才立即赶到县监狱，被关押的人员全部获救。

04 迎接红军

三湾牵线

向来宁静的茅坪，被频频传来的消息搅得人心不安。9 月 30 日下午，第二批侦探人员赶回向袁文才报告：从莲花开来的那支上千人的队伍，已在永新三湾驻扎下来，有向宁冈开进的趋势。

袁文才不知道停驻在三湾的队伍是什么军队，怀疑是国民党部队向井冈山进剿的。他决定派堂弟袁丁珠带人去三湾，探明这支军队的番号和行动计划。

10 月 1 日，天刚刚黑下来，袁丁珠同两个队员侦察归来说："这支队伍打的是共产党的旗号，为首的叫毛司令。"

袁文才听后心里想："共产党什么时候跑出一个毛司令来了？8月南昌起义的叶挺、贺龙当中，没听说有个姓毛的，再说，叶、贺部队都开到广东去了，这支队伍却是从萍乡这边过来的，难道是前些日子湖南的平江、浏阳一带农民暴动的队伍？萍乡那边倒是连着浏阳地面……"

袁文才摊开袁丁珠带回的几张撕得下来的红绿标语，上面的字很新，写着这样的口号："打倒剥削工农的土豪劣绅！""消灭新旧军阀战争！""工人农民团结起来！"

"这样的宣传口号，不就是共产党的政治主张吗？看来，这支队伍确实是共产党的。可是，他们跑到这儿来做什么？在这混战四起、兵荒马乱的年头，不会是国民党军队打出的幌子吧？"袁文才觉得可疑。

这天半夜，袁文才被叫醒："大哥，三湾那边派人送信过来了。"

"哦，什么人送来的？"和衣而睡的袁文才坐起来。

"送信的两个人是三湾人，他们送来的是那个毛司令的信。”信的内容大致如下：

袁文才、龙超清二同志如见！

今工农革命军第一军第一师自浏阳抵临永新之三湾，拟不日转驻贵邑，此后在湘赣边陲诸县展开武装割据。立农工政权，实施土地革命。此计划不知当否？希能共同议之。工农革命军日来于此加以整饬，盼大驾抵临。专此奉达，不尽欲言。此颂

大安！

前敌委员会书记毛泽东

1927 年 9 月 29 日于三湾

袁文才看完信，注视着“毛泽东”3 字纳闷不已，喃喃自语道：“奇怪，他怎么知道我？”于是，把李筱甫、谢角铭几人叫来议事。

袁文才念罢信，司书陈慕平兴奋地说：“噢，毛泽东来了？好哇！”

“你认得他？”大家问道。

“他是我的老师呢。”陈慕平笑着说：“今年四五月间，我去武昌农民运动讲习所学习两个多

月，这期农讲所，就是毛泽东主持办的。”

他见众人恍然大悟，补充说：“毛泽东是党内有名气的领袖，被人称为‘农民运动王’，前不久平江、浏阳一带的秋收暴动，听说就是他领导的。如果是毛泽东来了，又送了信过来，当然要去！”

忽然，一直未语的谢角铭说话了：“慢着！人上一百，形形色色，毛泽东部下有千余人，谁担保他手下没有歪主意的？自古至今，以大吃小，叫花子赶走庙祝的事情多得很。我看选三切不可去三湾，一旦被对方扣起来，后悔就来不及啦！”

陈慕平闷着思虑了一会儿，说道：“要不这样，我代替袁大哥去三湾走一趟，看看是不是毛泽东？探明了情形再讲。”

众人听了觉得这样可行。李筱甫表态说：“信是写给袁大哥和龙超清两个人的，最好叫上龙超清一起去。派人到梅树山去找龙超清吧？”

众头领散去，陈慕平留了下来。袁文才又说道：“你带一封信去吧，我给毛泽东写一封短信。”他说完走到桌子前，用一张质地细嫩的毛边纸，挥着毛笔写了一封短信。

陈慕平看了寥寥数语的信文，沉吟着说：“这样写，怕是不好吧？”

“哎，没有关系，总要作个表面上的客套嘛，以毛泽东那样的精明睿智，一看就知道的。”袁文才解释。

陈慕平只好将信折好，装进了口袋离开。

袁文才总觉得心里静不下来，井冈山的寨门，到底打不打开？毛泽东提出要来湘赣边界展开武装割据，实际上就是要到井冈山来，在这个地方立足扎根，到底是让他们上山，还是将他们拒之山外呢？他把一支上千人的外来武装引到井冈山来，无论对于现在还是以后，都是一件难以预料的事情。部下们都担心发生养虎遗患的变故。可是这支队伍是共产党领导的军队，在湘东赣西发动过秋收暴动，毛泽东又是党的中央委员，党内的领袖人物，怎么能将他们拒之山外呢？该如何取舍，真是一个艰难的抉择呀！

10 月 2 日晌午，龙超清赶到袁文才这里，他拿起毛泽东的信，眼里放出亮光，欣喜地说道：“秋收暴动的队伍过来了，好啊！”

袁文才见他这么高兴，便问道：“怎么，你也认识毛泽东？”

龙超清摇摇头：“这名字倒是听过，前些年有一本油印的《湖南农民运动考察报告》就是毛泽东写的，这个毛泽东在党内很有名气，他是党的中央政治局候补委员吧？”

袁文才在龙超清面前坦诚地披露了内心的忧虑，龙超清完全体谅他的心情，说道：“袁兄，毛泽东的队伍要上井冈山，定然是为重振革命的，这样的话，湘赣边界就有希望了！对这件事我们不可往坏的方面去想，毛泽东能够向你我写信，这就能够说明问题嘛！”

袁文才轻轻地点了点头，回道：“我也是这么想的，所以才让陈慕平同你到三湾去走一趟，把情况探明再说。”

“嗯，这样也好。”龙超清答话说。

晌午过后，陈慕平和龙超清还有另一个党员龙国恩，赶赴三湾。两天之后，陈慕平才从三湾回来。他一进门就喊道：“大哥，真的是毛泽东来了！”

陈慕平兴致勃勃地向袁文才讲起了在三湾见到毛泽东的情形。

前天正午时分，陈慕平3个人赶到三湾，当站岗的战士听说他们是袁文才的代表时，赶忙叫人去向毛泽东报告，随后带到师部住的钟家祠。

毛泽东走进祠堂，陈慕平站起身高兴地叫着："毛先生！"并主动介绍道："我叫陈慕平，在武昌的中央农民运动讲习所第六期学习过，您还记得吗？"

毛泽东听到这里，大为惊喜地说道："哦，原来是你呀！你在武昌的时候，大伙不是叫你旱鸭子吗？"

"是呢！我这个'山佬牯'不会游泳嘛！"陈慕平兴奋地点头。

当毛泽东得知陈慕平在袁文才队伍担任司书，这次是代表袁文才前来三湾后，心里更是高兴。接着，又与龙超清、龙国恩握手叙话。

众人在祠堂里坐下不久，陈慕平将信递给毛泽东："这是袁文才写给你的。"

毛泽东将信打开，只见细毛边纸上写道：

毛委员：

敝地民贫山瘠，犹江池难容巨鲸，片林不栖大鹏，贵军驰骋革命，应另择坦途。

敬礼

袁文才叩首

毛泽东阅毕，微笑着说道："袁文才同志何必来这客气的一套，我们知道，袁文才既是党内同志，就不会将工农革命军拒之山外，不是吗？龙超清同志，何况我们要到宁冈来，是按照江西省委的指示来的，省委说宁冈有我们党的组织，想必是你老弟了。"

龙超清惊喜地说道："噢，原来是这样的！省委对我们的情况当然熟悉。"

毛泽东点头笑了："好了，现在找到了你们，又有我的学生在袁文才的队伍里，你们都是代表袁文才来的，工农革命军要开到宁冈去，他是怎样说的呀？"

龙超清和陈慕平稍作沉思，将袁文才总体上欢迎工农革命军上山，但又有些小顾虑的矛盾情形如实作了陈述。

毛泽东听后点着头说道："是啊，也难怪他呀，地方上的绿林豪强一贯是分外警戒外来力量的。袁文才虽然已经是共产党员，但他毕竟是'山大王'嘛，何况还有那么多的部下。"

毛泽东继续说下去："工农革命军原本开到湘南的汝城去，在那儿占据湘粤大道。现在不啦，以我们的军力不能到那儿去。湘赣边界各县没有国民党的正规军队，这种情形对工农革命有利，你们回去转告袁文才同志，说我老毛来井冈山，是要和同志们一道在湘赣边界展开武装割据的，将来湘鄂赣任何一省发生暴动，我们都可以参加。"

毛泽东从部队抽来 3 支马枪，给他们各人一支，毛泽东对他们 3 个人说："你们回去告诉袁文才，工农革命军明天就开入宁冈。"

袁文才听完陈慕平的讲述，长长地舒了一口气。袁文才也逐渐地了解到，工农革命军停驻于三湾的 3 天时间内，在毛泽东的主持下，部队实行了"支部建在连上""士兵委员会建在连上"两大措施，官兵们精神振奋，部队政治面貌焕然一新。

毛泽东不愧为中国工农红军的缔造者，从工农红军开创伊始，就注重党对军队的绝对领导问题，并从实践上进行了伟大的创新。

按照与陈慕平、龙超清的约定，10月3日，工农革命军从三湾开到宁冈北陲的门户——古城，在这个千余人的小镇驻扎下来。

迎接毛委员

毛司令要与袁大哥见面的事，在农民自卫军里引起了不小的风波。“见不见？怎么见？在哪儿见？”众头领议来议去，倒是议出了个“万全之策”：选在距离古城、茅坪两地都是15里的大苍村，这样可使袁文才不到古城去，也让毛泽东不来茅坪。

这时候，谢角铭说话了，他的声音有些粗重：“世事更迭，人心难测，从来就是弱肉强食，防人一着不为愚，我看明天开两个连去，在后山藏着，以防不测。”陈慕平表示反对说：“这样做不够礼义吧？被人家发现了多不好。”

袁文才听了众人的意见，说道：“也罢，凡事稳重起见，防着点不会吃亏，这事由阿叔去张罗。”

宁冈荷花乡的大苍村，是一个山清水秀的小村庄。见面地点就选在村中一个富户林凤和家，林家与袁文才有亲戚关系。林家宅院后面是一片长满毛竹的山林。农民自卫军倾其精锐埋伏了300余人，摆出一副临战的姿态。

10月6日上午9时，袁文才与李筱甫、谢角铭、陈慕平等人来到大苍林家，对四周地形作了察看，与谢角铭约定如果有变，以摔杯为号。接着，袁文才同陈慕平走到村前半里的石拱桥迎候毛泽东。

不久，有3匹马从雨路石方向慢慢走来。陈慕平指着中间的骑者告诉袁文才：“那个长头发的就是毛泽东。”

李筱甫一番张望后疑惑地说：“怎么不见他们的大队伍？”

说话间，3匹马到了跟前，毛泽东一行人下

马。袁文才迎上前去，陈慕平对双方作了介绍，两人握手寒暄。

袁文才望着头发长长，身材瘦削但精神矍铄的毛泽东，问道：“毛委员的卫队还不见来？”

毛泽东笑着接话：“我们哪有什么卫队？就 3 个人。”

袁文才目光向陪同毛泽东的二人腰间瞥去，见他们连手枪都未带，不觉心里一震，脸上有些发热。

袁文才陪同毛泽东等人走进宅院坐下。趁着陈慕平倒茶的当儿，他走到外面，对在院里的周桂春轻声说道：“人家只 3 个人，叫他们赶快撤走！”说着向林家后山一努嘴。当袁文才与毛泽东谈话的时候，周桂春来到后山见到谢角铭，传达了袁文才的命令。

在吊楼上，袁文才端起茶杯对毛泽东做了一个请的动作，说道：“毛委员一路上辛苦了！”

“从湖南浏阳出来，路上遇到了不少麻烦，反动派是不让我们来井冈山的。”毛泽东忽然话锋一转：“久闻袁总指挥的大名，在秋收暴动之初，我

们的一个团长举荐过你，今日能在这儿拜见，真是幸会！”

袁文才有些意外地问道：“哦，不知道贵军哪位团长认识我啊？”

“王兴亚嘛。”

“哦。”袁文才恍然大悟，又问：“兴亚兄也在你们队伍上，怎么不见来？”

毛泽东停顿了稍许，说道：“兴亚同志原是工农革命军第 2 团团长，他的团攻下了醴陵，又占据了浏阳城，可惜麻痹轻敌，后被敌军四面围城，苦战之下，全团几近覆没，兴亚不知所终，多半是遇难了。”

袁文才听后叹了口气说：“真可惜了，我跟他很熟呢！”

龙超清接话说：“毛委员，我们久居深山，你给大家讲讲当前的形势吧！”

毛泽东谦虚地一笑，向众人讲起了大革命失败后全国的政治形势，接着介绍了党的八七会议和秋收暴动的情形，忽然话锋一转：“听说你们这里也曾闹得轰轰烈烈，形成了不小的声势。”

袁文才回道："是红火了几个月，后来形势逆转，就退回到山里来了。"

毛泽东说道："那不能怪你们，你们是很英勇的！新城消灭乡局，推翻北洋军阀的县政权，驱逐县长沈清源，从吉安捉回龙清标，打开永新城，营救永新的 80 多个受难同志，农民自卫军可谓威震湘赣边界啊！"

袁文才和众头领见毛泽东这么熟悉他们，又给予热烈的赞扬，心里热乎乎的。袁文才说道："我们大家也想大干一番，不料革命失利，四周一片白色恐怖，我们与上级失去了联系，大家都迷失了方向。如今你们来了，湘赣边界的革命斗争又有希望了。"

毛泽东说道："我们是按照江西省委的指示到井冈山来的，到这里是依靠广大的贫苦民众实行武装割据。革命失败的教训使我们觉得，只有用枪杆子才能夺取政权，无产阶级要推翻国民党新军阀的统治，没有枪杆子是无从谈起的。"

毛泽东见袁文才不停地点头，便问道："农民自卫军现在还有多少支枪？"

“100 支不到，还有的不好使。”

毛泽东发出赞许：“你们在逆境中保存了这么多枪，很不容易！但是还不够，还要扩大武装力量。这样吧，工农革命军先送给你们 100 支枪。”

袁文才听了这话，不禁一愣，其他的头领也大为惊异，面面相觑。

毛泽东见了这情形，又说了一句：“你们明天就派人来担枪，100 支。”

这回袁文才和众头领高兴地咧开了嘴。

袁文才满怀感激地说道：“毛委员，我们真是太感谢您了！”

毛泽东笑着回道：“现在我们是一家人了，工农革命要在井冈山实行武装割据，也就是营建革命的根基，要靠你们的支持！”

袁文才毫不迟疑地表示：“毛委员，你放心，我们一定竭尽全力，与工农革命军共成革命大业。据传你们眼下囊中拮据。我们已备办了一些银钱。”

在座的李筱甫听到这里，叫了一声“上”，立刻有人端上两个托盘，放着 10 卷的 1000 块银圆。

毛泽东见了很高兴，说道：“工农革命军也得有个安身之地。前委打算把部队的‘家’安在茅坪，在那儿设立后方医院和留守处。尊意如何？”

袁文才慨然地回话：“工农革命军进驻茅坪，我们欢迎！后方留守处和医院的事，由我们包揽下来，还有粮食的供应，也不必担心。”

原本以为是布满杀气的“鸿门宴”，现在却变得充满相见恨晚的欢声笑语。袁文才这支农民武装的头头们从没这么高兴过。

1927 年 10 月 7 日上午，工农革命军从古城、砻市分两路向茅坪开进。

在一片锣鼓、唢呐、鞭炮的震耳声中，袁文才率队伍及数百群众，在村口迎接工农革命军。毛泽东等人由袁文才陪同，跨过路口倒在血泊里的一猪一羊，走进村子。“杀猪宰羊满地红，锣鼓唢呐闹哄哄。”这是井冈山人民迎接贵宾的最高礼仪。工农革命军官兵们强烈地感受到了井冈山人民的热情。

井冈山的寨门，在袁文才手上洞开了！秋收起义部队在几经失利、几经变化的危难时候，终于按照江西省委的指示，找到了宁冈的党组织和袁文才的队伍，到达了这次行军的终点茅坪，把工农武装割据的红旗插上了井冈山！工农革命军在茅坪安下家来，袁文才指示部下配合，几天内就在茅坪办起了医院和后方留守处。

袁文才深明大义的毅然之举，打开了革命力量从城市转向农村的一道大门，使毛泽东结合原有的思想基础，终于找到了“上山”的最佳地点。

练兵改造

一天，袁文才急匆匆地来到八角楼，径直往毛泽东住处走去。

八角楼是茅坪村中最好的住房，房主为袁文才的好友、著名中医谢池香，因为楼上有个八角形的天窗而得名。工农革命军进驻茅坪，谢池香执意将房子让给毛泽东居住。

眼见伤病员得到妥善安顿，官兵们半月来的疲劳困顿得以消除，毛泽东决定率领部队轻装行动，沿酃县、遂川边境进行游击，一则发动民众扩大政治影响力，二则熟悉地形。

袁文才上到楼里，向毛泽东问道：“毛委员，农民自卫军练兵一事，你看怎么样安排好呢？”

毛泽东显然有所考虑，说道：“这样吧，你们先招收队伍，吸收那些贫苦出身的青壮农民入伍，工农革命军这边呢，留下几个人担任党代表和教官，你看行吗？”

“行呀，可要多派几个人来，毛委员。”

“多派也不用，打算派游雪程、徐彦刚、陈伯钧 3 个，游雪程担任党代表，徐、陈担任教官。你们先把练兵搞起来，到下月初我们就能回到茅坪，届时我也到队伍上来。”

袁文才听得毛泽东这么一说，高兴地点了点头。

不久，工农革命军主力从茅坪出发，沿酃县、遂川边境开展轻装游击活动。自 10 月下旬起，农民自卫军经过七八天的张罗，在宁冈、酃县的客籍区域招收了 180 多名青壮农民入伍，使队伍扩大到 350 多人。

按照袁文才与游雪程等人商定的练兵计划，农民自卫军编为3个连，实行黄埔军校三三制的编制配备。陈伯钧兼第1连连长，周桂春为第2连连长（又称特务连），袁丁珠任第3连连长。部队全部集中在白云寺，开始了每日三操两讲，既练军事又学政治。

军事方面的操练由陈伯钧一手主抓。他把各个程序抓得很紧，起居饮食都按照正规军队的一套实行。这使得农民自卫军的新老战士都感到紧张和大不习惯。头一桩就是吃饭，规定每餐饭5分钟，看着怀表，一到时间就吹哨子，不管饱与不饱，都要统统放下碗。有些战士叫嚷起来："催死不催食，没听说饭也不让吃饱的！"陈伯钧听了正色斥道："当兵的吃饭慢吞吞的哪行？打起仗来，一分钟也是宝贵的！因为吃饭慢了而打败仗的例子多着哩！"他见这些人不服气，就对他们讲起了这方面的典故，使官兵们慢慢明白了军人吃饭宜快的道理。

对农民自卫军的军事操练是从队列、射击、投弹等基本方面开始，300多名官兵全部集中在白云寺前的一块大坪地里，逐项进行演练。

正值隆冬时节，清早已经有了浓霜，冻得人手脚生疼。照袁文才所想，这些天就不要出早操，让大伙睡晚一些。陈伯钧不赞同地说："这算得了什么？冰天雪地还要打仗呢，越是冷天越能锤炼意志，培养出不怕吃苦的精神！"袁文才听了只好由他安排，清早照常出操。

这一天，各连轮番演习匍匐前进的动作。轮到周桂春那个连，陈伯钧做了动作上的讲解后，又给示范了一遍，才下令开始演练。战士们趴在地上一蹭一蹭地向前运动，眼看到了操场的边上，没有听到喊停的口令，前面的战士只得身子碾着石块茅草爬下去。下了边岸不远，有个积水洼挡在前头，前面战士扭过头来喊道："报告教官，前面有个水洼！"陈伯钧就像没有听见，厉声传下命令："继续前进！"战士们只得扑通扑通地下水，在冷浸浸的烂泥中爬行。大伙上得岸来，人人滚得满身是泥浆，冻得牙齿直打寒战。陈伯钧又发口令让部队回到操场，列好了队，对全连官兵提出表扬，他铿锵有力地说道："军人应当有勇往直前的精神，军令如山，命令一出，前头就是刀山火海，也不得退却！训练时就当战时来看待，才能练出过硬的本领！”

农民自卫军在步云山练兵不到一周，毛泽东率领部队回到了茅坪后，随即来到步云山住下，一面在附近村庄开展社会调查，一面关注袁部的练兵情况，并与官兵们同吃伙食。

农民自卫军练兵期间，生活上非常艰苦，吃的是红糙米，蔬菜以南瓜为主，有时候从山上采野菜。这样的伙食让许多战士皱着眉头咽不下去。一次开饭的时候，毛泽东也走过来端起碗就吃。他看到一些战士围着菜盆，你一言我一语地议论着，说这菜太苦，实在吃不下去。毛泽东听了没有说话，从菜盆里舀了一勺野菜放在碗里，津津有味地吃了起来。一个战士问道：“毛委员，今天的野菜这么苦，你吃得下？”毛泽东回答说：“这野菜是苦一些，但能够养人呢。干革命的人，就是要吃得苦，没有今日的苦，哪有明天的甜啊，老话不是说苦尽甜来吗？”

毛泽东的这番话对战士们是个不小的触动，大伙儿见毛委员都吃得那么起劲，深受感动，纷纷把野菜舀在碗里吃起来。

游雪程和徐彦刚就毛泽东带头吃苦菜这件事，在部队中进行艰苦奋斗的教育。游党代表对官兵们讲道：“毛委员是中央的大官，为何跑到井冈山来吃苦？为的是革命嘛，革命当然是吃苦的事。人家毛委员都能吃这样的苦，我们都是贫苦出身，还怨什么呢？不是有人编了歌谣：‘天天吃南瓜，打倒资本家’‘餐餐咽野菜，苦尽甜才来’，革命就是这个样子！”

游党代表的这段话，对官兵们是个莫大的启发教育，大家对吃南瓜、秋茄、野菜没有怨言了，有人还把这种艰苦的生活编成乐观的歌谣：

红米饭，南瓜汤，
秋茄子，味好香，
餐餐吃得精打光。
干稻草来软又黄，
金丝被儿盖身上，
不怕北风和大雪，
暖暖和和入梦乡。

党代表游雪程很有口才，他与徐彦刚每天都给官兵们上一堂政治教育课，把教育重点放在“我们为谁当兵？为谁打仗？”这样一些基本的革命道理上，提高官兵们的阶级觉悟。游雪程讲起课来声情并茂，让大家听得趣味盎然，又容易听懂。比如，在解释“什么是阶级剥削”时，他讲道：“种田人长年累月地捏泥巴，到头来仍然糊不住一张嘴，过着牛马不如的生活，甚至吃树皮咽观音土。而那些土豪呢？从来手不提，肩不挑，没在田里打湿过脚底皮，家里却是谷满仓、钱满箱。这是为何呢？这就是阶级剥削的结果。”

与农民自卫军的官兵们相比，袁文才在思想上受到的教育更大。在步云山练兵的日子里，袁文才与毛泽东接触很多，两人时常在一起倾谈。正是这些话题广泛、无拘无束的交谈，使袁文才产生了“听君一席话，胜读十年书”的由衷感受。这位“山大王”目睹了几个月来发生的事情，心灵上感受到很大的冲击，越发坚定了“毛泽东是一位能够成就革命伟业的领袖人物”的牢固信念。

05 高擎红旗

欣然受编

袁文才的农民自卫军经过军事操练和政治教育，慢慢步入了正轨，官兵们的思想面貌发生了巨大的变化。这时候，毛泽东不禁更加挂记王佐的队伍。

毛泽东清楚，王佐的情形，无论是他本人还是其队伍都比袁部差多了，他的队伍里还没有一个共产党员，加之绿林习气更为浓重。毛泽东和前委决定通过袁文才向王佐施加影响，实现对王佐部的改造。

这天，毛泽东对袁文才说道：“前委打算给王佐派一个党代表去，不知道他们态度怎么样？”

袁文才回道："我看没有什么大问题。明天我让丁珠到茨坪去走一趟，与王兄弟说说这件事。"

毛泽东点头说道："这样也好。"其实，早在1926 年 11 月上旬，遂川县农民协会先后有两名共产党员到王佐队伍中做工作，次年 1 月，王佐就挂出了"新遂边陲农民协会"和"新遂边陲农民自卫军"两块新的牌子，这都是积极的举动。

这天，王佐在茨坪见到袁丁珠，听说工农革命军要给他派一个党代表来，他心中窃喜。自从工农革命军抵达井冈山之后，他一直在关注，了解到这支军队很不同，不但不侵害老百姓的利益，还到处清算土豪劣绅，把粮物送到贫苦农民手里。袁大哥又几回在书信中谈及，毛泽东是个文能治国、武可安邦的大人才，跟着这样的人有奔头。王佐相信袁文才的眼光，但有的部下多次劝他小心提防。王佐思前想后，决定不拒绝共产党的代表来，但待他来了以后多加提防。

准备被派往王佐部的党代表是何长工，湖南华容县人，曾与周恩来等人在法国勤工求学，后来辗转到毛泽东队伍中工作。

一天，毛泽东把何长工叫到房里谈话说：“派你到王佐队伍去担任党代表，怎么样？”何长工问：“去多少人？”毛泽东笑道：“你一个人先去打长工吧，打开了局面，再派其他同志去。”

何长工一听犯起了愁，他知道王佐的队伍绿林习气颇重，王佐又因为在绿林生涯中吃亏太多，性格多疑，自己单枪匹马岂能胜此重任？

毛泽东笑道：“不入虎穴，焉得虎子？要把王佐和他的队伍争取过来，不冒些风险行吗？你还不清楚团结王部的重要性？”停了一会儿，毛泽东又说道：“我们党能够推翻整个旧世界，难道不能改造好一个绿林头领？当然，不单单是一个王佐，还有那些士兵群众，总之，得润物细无声……”何长工听到这里，心头豁然开朗。

何长工到了王佐的队伍里，除了协助管理队伍，还经常到刁飞林、李克昌几个头领家去，与他们的家人闲话家常，还帮助他们担水、劈柴，一点也不见外。他为人热情，谈吐规矩，博得了大家的好感。何长工同王佐的母亲聊天，知道老人劳碌一生，将 5 个子女拉扯成人，很受孩子们的孝敬。

有一天，何长工与王母谈起王佐，老人家说道："党代表啊，你是有学问的人，要多多辅助南斗，他的肚子里没装过一滴墨水，做事蛮里蛮气，又记仇记恨的，叫我好不放心哪！"

何长工说道："婆婆，共产党就是希望你儿子能够成器，受到穷苦百姓的拥戴。这些道理，你老人家要多劝导他！"王佐母亲听了这话，赞不绝口。

王佐最担心的就是何长工暗地里活动，搞垮他苦心经营多年的队伍。但半个多月过去了，并没有发现何长工不好的迹象，反而母亲、妻子和刁飞林家属都说，党代表热忱坦荡，是个好人。内心的戒备渐为消退，也不干涉他到处走动。

一天上午，何长工正与王佐母亲一起择韭菜，听到队伍里传来连天的呼叫声。他连忙跑去一问才知是捉到尹道一村里的几个人，现在正用扁担打屁股。何长工跨进门槛厉声喝道："放下扁担！"众人惊愕不已，何长工又走到王佐跟前，问道："这个人是不是尹道一？"王佐绷着脸气鼓鼓地别过头去，也不回话。

何长工向屋里的人环视一遍，语重心长地说道：“捉到尹道一村上的人，不问青红皂白，乱打一通，这有什么好处呢？不但尹道一恨你们，就是他村上的穷人也恨你们，这是做理亏的事呀！如果一个人做事失去了民心，得不到穷人的拥护，纵有天大的本领也是枉然！”

何长工停了一会儿，又指着那个农民说道：“这个农民弟兄是尹贼什么人？不过是同一个村子吧，肯定也受到过尹道一的欺压，同样是穷人嘛，何苦穷人打穷人呢？做这样的蠢事，若是让尹道一知道，他才高兴呢，他就是要挑动老表来吃掉咱们！”话音刚落，那个农民坐起身子，愤然说道：“这先生讲得有道理！咱们拿山的种田人也恨尹道一！村上的人哪个不受他的盘剥？咱只因糊口，每一回路过茨坪，都要挨你们的打，真是前世造了孽啊！”那农民说到这里伤心地哭了起来。

厅堂里一片寂静，大家听了何长工的话，都觉得他说得很有道理，脸上露出钦佩的神色。

王佐转身回到房里，何长工也跟了进来，耐心地说道：“革命的头一桩事情，就是分清哪号人是咱们的朋友，哪号人是咱们的敌人，拳头不能乱打一气，要始终对准国民党反动派，对准尹道一这样的豪绅地主！”

王佐突然盯着何长工问道：“你们当真帮助我打掉尹贼牯？”

何长工肯定地说道：“共产党是为工农阶级撑腰壮气的，像尹贼这样的地头蛇，非打掉不可！不过，眼下你们的枪太少了，一时打不着他，明天派一个排跟我到茅坪走一道吧。”

王佐不解地问：“去做什么？”

何长工道：“一是挑枪，毛委员早就说过，要送 70 支枪给你们；二是去看看你兄弟他们是怎样练兵的。”

次日，刁飞林带着一个排随何长工去了茅坪。3 天后，他们挑着 70 支步枪和一批子弹从茅坪回来。队员们围着一大堆枪支叽叽喳喳，议论不休。王佐拿起一支颜色尚新的马枪看了又看，激动不已。刁飞林说道：“大哥，袁大哥的队伍才像样呢，我们也那样才好！”王佐当即决定资助工农革命军 500 担稻谷和一些银圆。

一天，王佐脚步匆匆地来找何长工，红着脸说道：“党代表，队伍上的事，还得请你多管一管，训话、教歌都由你来。”何长工笑着说：“这船舵还是你来掌，我同大家聊聊就行！”

何长工从此整天同队员们在一起，有时教唱新歌，有时上课做宣传。王佐有什么事情，都愿意找他商量，有时还拉着他到各个排视察。这一天，他俩碰上一个排长手持竹片，正在打一个队员。何长工上前喝问：“你为何打人？”这个排长抖着手里的竹片说道：“这该死的，白日站岗打瞌睡，这还了得！”何长工气愤地说道：“打人成何体统？咱们不要学国民党那一套，官兵是平等的，士兵若是有错误，只能进行批评教育，帮他认识到错误，这样才能使人心悦诚服。”

王佐在一旁听后觉得有理，于是问道：“你们那边是怎么处理的？”何长工说道：“红军从来不打骂战士，要是谁违反了，就由士兵委员会处置，所以官兵团结，打起仗来都很勇敢！”

王佐点头说道：“共产党做的我服！”说完就对大家说道：“传我的命令，你们做头儿的再也不准打人了，日后哪个还要打，我就处理哪个！”

两人出门到屋外，王佐忽然立住脚，对何长工说道：“党代表，我们也要像袁大哥他们那样，把兵练起来。看你一个人顾不过来，能不能请毛委员再派几个党代表来？”

何长工心头一喜，说道：“派人可以呀，你放得下心？”

王佐笑道：“党代表，你别取笑了，现在就怕请不来你们呢！”

何长工点着头说：“好，我这就给毛委员写信。”

过了两日，前委就派来了宋任穷、康健和艾盛斌等人，在王佐的队伍里担任连党代表和连长、排长。王部200多人集中在茨坪进行操练，每日三操两讲，既练军事又学政治，搞得热火朝天。

何长工与宋任穷商量，如果能快速消灭尹道一和他的团防局，不但能够加快王佐向共产党靠近，而且能震慑边界各县的豪绅阶级，鼓舞民众的革命斗志。于是，何长工又给毛泽东写了一封派兵参战的信。

1928年1月中旬的一天，工农革命军一个连开到茨坪。夜里，王佐召集刁飞林等人与何长工他们一起制订了诱歼尹道一的战斗计划。第二天上午，王佐率领200余人突袭仓夏村，引诱尹道一带着团防局300多人出来追剿。团防局刚一出动，王佐队伍便开始撤退。尹道一指挥队伍追了几里路，看出王佐确实害怕他们才逃的，决定乘势追到山上去，打败王佐队伍，血洗茨坪。

尹道一的团防一路急追，很快追到旗锣坳脚下，正要向半山腰冲锋，埋伏在这里的工农革命军一个连，加上王佐的队伍，从半山腰突然大打出手，枪声、爆炸声和喊杀声交混在一起。团丁们被突如其来的袭击打得晕头转向，有的人当场中弹倒下，更多的人掉头往山下奔逃。尹道一急得跳脚，挥枪下令阻止团丁们的溃退。然而，300多人全部陷入一片恐慌与混乱中，指挥完全失灵。尹道一一看情况不妙，只得命令一个中队护着自己先退。

刁飞林和李克昌发现尹道一要逃，赶紧带着一个排赶到前面拦截，把护卫尹道一的团丁打得四处逃散，尹道一被击毙。这时候，剩余的团丁漫山遍野四处奔逃。何长工他们指挥部队穷追不舍。

工农革命军帮助王佐消灭了尹道一的团防局，打死了尹道一，使得王佐和部下们个个笑逐颜开，思想情绪发生很大的变化。

王佐从心眼里佩服毛泽东，佩服何长工这些共产党人。他对何长工说道：“党代表，杀了尹道一，除了我王南斗多年的心头之恨！我实实在在地看定了，跟着毛委员和共产党有奔头，今后你们要我怎么办，我就怎么办，上刀山下火海也不皱一下眉！”

何长工笑着说：“老王呀，我们就一个心愿，让你们成为共产党的红军，为井冈山的老百姓谋利益！”

袁文才、王佐两支队伍的练兵，分别进行了两个多月，政治面貌焕然一新，军事素质也大为提高。无论是袁文才、王佐，还是广大官兵，都要求加入红军。毛泽东和前委认为，两支农军升编为红军的条件也已成熟，遂决定将袁、王两部升编为工农革命军第2团。

1928年2月上旬的一天，宁冈大陇欢声笑语，举行袁、王部队的升编仪式。工农革命军第1团团长张子清代表前委主持仪式，宣布了第2团的编制及干部配备。第2团袁文才为团长，王佐为副团长，何长工任党代表，贺敏学担任党团书记。下设两个营，袁文才部为第1营，袁兼任营长，王佐部为第2营，王兼任营长。前委派出的游雪程、徐彦刚、陈伯钧、宋任穷、熊寿祺、康健等人，分别在两个营担任党代表或连、排干部。

3月中旬，为执行中共湖南省委指令，毛泽东率领工农革命军离开井冈山，准备向湖南酃县中村集中待命，但没有直接开赴湘南。此时，毛泽东得知朱德、陈毅率领的湘南起义部队，遭到广东、湖南国民党“协剿”军的南北夹击，在湘南难以立足，于是决定率部兵分两路赶往湘南，接应和掩护这支部队撤退。毛泽东等率领工农革命军第1团朝着桂东、汝城方向前进，由袁文才、何长工、王佐等率领第2团朝着彭公庙和资兴方向前进。

这次出征湘南，是王佐加入工农革命军后的首次出征，他心情异常激动，不仅作战勇敢，做群众工作也十分积极，并再次向何长工提出加入共产党的要求。4月的一天，部队停驻在资兴县城，王佐终于实现他多次提出的愿望，光荣地加入了中国共产党。

王佐自加入工农革命军起，就向袁文才和何长工提出入党的要求，何长工立即向毛泽东作了汇报，毛泽东笑着说："火候还不到，还得让他'熬炼'一下。"出征湘南之后，经过几次作战，毛泽东单独向何长工作了交代，说王佐已经"熬炼"到火候了，再提出要求的话，就应该将他吸收到党内。

部队在资兴县城驻下后，何长工根据毛泽东的指示，与贺敏学、袁文才商议，认为王佐加入党组织的条件已基本成熟，并决定由何长工、贺敏学担任他的入党介绍人，为他举行了简单而庄严的入党仪式。

当晚，王佐与袁文才住在一起，两兄弟说了半宿的话。激动不已的王佐对袁文才说："兄弟，现在我的心里才真正定下了盘子，这辈子跟定共产党了！"

出奇制胜

1928 年 5 月，会师于宁冈砻市的秋收起义部队、南昌起义余部和湘南暴动农军，加上宁冈的万余民众，举行隆重集会，庆祝朱、毛两军会师和工农革命军第 4 军成立。

第 4 军不久改称红军第 4 军，简称红 4 军，王尔琢为参谋长，陈毅为第 12 师师长。

红 4 军对所属部队实行改编，下辖 3 个师。袁文才、王佐的第 2 团，改编为第 11 师第 32 团，袁文才为团长，王佐为副团长，陈东日任党代表，全团仍然下设两个营。

5 月，对袁、王来说也是好事连连。在中共湘赣边界第一次代表大会上，袁文才与王佐双双被选为特委委员，两人还同时是红 4 军军委委员。边界党的一大之后，又召开了湘赣边界工农兵代表大会，成立了湘赣边界的最高红色政权——边界工农兵政府，袁文才被选为政府主席，成为边界红色政权的首脑人物。6 月中旬，湘赣边界狼烟又起。蒋介石对井冈山地区的革命形势大为恼怒，下达了湘赣两省联合“会剿”朱毛红军的严令。两省国民党政府调集 3 个师的兵力，对井冈山实行首次“会剿”。江西省主席朱培德舍下血本，将赣军的王牌军杨池生第 9 师派上阵，之前被红军击败的杨如轩师也凑齐两个团参战。

6 月 22 日下午，袁文才奉命赶到新城，参加军委召开的有营以上干部参加的军委扩大会。主持会议的陈毅说道：“毛泽东党代表在永新西乡写信给我们红 4 军军委，通报赣敌由永新出动向宁冈猛进，并提出了破敌的策略。我们今天讨论并确定具体的作战方案。”

朱德接过话，他把一张刊登《湘赣大举会剿朱毛匪军》消息的《民国日报》扬了扬，说道：“这一回，他们不单动口，而且也动手了，两省联合起来，来势不小哇。我是不怕的，和他们交手也不算头一回。”

陈毅说：“怕他们什么？与他们打就是！大家

说用个什么办法？在座的不是参加过北伐，就是毕业于黄埔军校，农民出身的也大大小小打了十几仗，三个臭皮匠，抵个诸葛亮，大伙来凑主意嘛。”接着，介绍了杨池生、杨如轩的“两羊”部队已向永新南乡移动的敌情……

一番讨论下来，会议确定了迎击赣敌“两羊”的方针，参谋长王尔琢宣布了兵力部署。具体方案是第28团在老七溪岭御敌；第31团第1营与第29团扼守新七溪岭；第31团第3营去宁冈睦村方向警戒湘敌；第32团第2营由王佐带领分别在桐木岭、朱砂冲两个方向警戒赣敌。

王尔琢宣布完毕，朱德问干部们还有什么意见。话音刚落，袁文才就说道：“我有个建议。”

朱德与陈毅同时“哦？”了一句，向他投以征询的目光。

袁文才说：“我看‘两羊’的部队从新、老七溪岭压过来，他们的前线指挥部不是设在秋溪，就是设在白口一带的村庄，我带第1营从棋子石、猪脑冲插过去，天亮前到白口一带的山上埋伏起来，瞅准了机会把敌人的指挥部打掉，让他们变成无头苍蝇！在敌人背后捣上一家伙，给第28团助一把力。这个想法不知是否可行？”

袁文才一说完他的主意，大家都觉得这是条妙计。

朱德兴奋地对袁文才说：“袁团长，你这么一说提醒了我。上次从永新回师，走在秋溪田垄的路上，我就注意到了新、老七溪岭的位置，‘两羊’完全有可能在白口一带设立指挥部。你的设想要得！就按你说的那样，你们先把敌人的‘头’打掉，然后在他们的背后狠狠地踢上一家伙，配合28团首先取胜！”朱德说完略略想了一下，又问袁文才：“这儿去白口一带有多远的路？”袁文才回答说：“路倒只有60里左右，麻烦的是这一路全是大山，有的地段没路可走。”

朱德怀着几分忧虑说道：“哎呀，这样你们在天亮前赶得到吗？”

袁文才道：“赶不到也要赶，无非要吃一番苦了。”这时，陈毅强调说：“文才，你们无论如何要天亮前赶到，还有出击的时间要恰到火候，动作要迅速。”袁文才表示记住了。

朱德说道："时候不早了，你们赶紧行动吧。"

第 32 团第 1 营住在西门外的靳亚村，这个时间战士们已经睡下了。袁文才让传令兵叫来周桂春、袁丁珠几人，简短地说了几句，令号兵吹号集中部队。不多久，全营 3 个连集合好了，袁文才扼要地传达了军部的会议精神，以坚定的口气说道："今晚不管吃多大的苦，就是身上掉下几斤肉，也要在天亮前赶到永新南乡。养兵千日，用兵一时，这下就看我们的了！眼下离天亮顶多 8 个钟头，至少有 60 里山路，还要爬山过坳，一分钟也耽误不得。各连赶紧去准备火把，凡有菜园篱笆都拆，司务长明天付钱，这就动手！"

大约半个钟头之后，第 1 营由袁文才带领向棋子石疾进。开始，官兵们是一口气跑着，到后来山路又陡又窄，速度就慢下来了。这一带全是茂密树林和溪涧密布的山冲，有的地段是羊肠小道，有的是巴掌大小的野鸡路，两旁茅草绊脚，荆棘刺脸，乱枝戳头，连带路的农民都辨不出路径，更糟糕的是，在前头开路的人还被蛇咬了，幸亏有人带了蛇药，能及时救治。深山里的夏夜雾凝露生，山

风习习，凉意袭身，官兵们却赶得热气腾腾，忘记了劳累。

第 1 营在袁文才的率领下，以最快的速度行进，终于在黎明前夕赶到白口村后面的山上，在武功潭古寺后山隐伏下来。两个会讲永新话的战士，按照袁文才的布置下山侦察敌情。

早饭过后，新、老七溪岭就响起如同前一天端午佳节千家万户燃放鞭炮一样的枪声。第 1 营的官兵们隐伏在比人还要高的茅草灌木中，谁也不准走动、说话。

派去侦察的两个战士返回报告说，敌人的指挥部就设在白口村。为了证实是不是敌军的总指挥部，他俩还到附近其他村庄去看过。袁文才看看日头，算了算时间，等待着进攻的时机。

赣敌的前线指挥部确实设在白口村，“两羊”都在村中指挥这场极为重要的战斗，还派一个排在村外巡查。正当袁文才思量着什么时机扑下山去时，就听到村子远处响起越来越密的枪声、喊杀声，突如其来的情况使敌人慌乱起来。原来，是红军第 28 团的部队打过来了。

袁文才立即指挥1营下到山脚下，冲向那块村口外的荒草坪，战斗立时打响。敌人听得枪声，在阻击前面红军的同时，立即派第9师警卫连出来。然而他们的脚下是一片水田，除了那条高田埂可作掩护，没有其他地形地物护身，受到第1营的沉重打击。战不多久，敌人见硬拼不过，退到有房屋的地方进行抗击。战士们掏出手榴弹摆在水沟旁边，准备迎击大股敌军的反扑。

杨池生和杨如轩见有大股红军两面夹击，大为吃惊。他俩都知道：这些从天而降的红军将给指挥部带来致命的威胁，直至影响整个战斗，决定不惜一切代价歼灭红军。在顶住前面进攻的同时，急令第27师警卫排和通讯排等人员全数出动增援背后，由第9师的副师长亲自指挥战斗。

在红军第1营阵地上，袁文才见大量敌人重新出村，向两侧逐渐逼来，他传下命令："莫要慌张，靠近了再打！"没过多时，袁文才见哇哇乱叫的敌兵们下了水田，立即发令："打！"顿时，第1营几百支步枪和3挺机枪一齐打响，把敌兵撂倒一大片。这时，后面的敌人不顾死伤冲过了两垄稻田，占据了一条稍高的田埂，第1营的战士们赶紧扔出一排手榴弹，炸倒几十人，那些没有挨炸的顿时不敢再冲，退回到村边依靠房屋向第1营射击。

在白口村里的罗家祠内，“两羊”和一帮参谋手忙脚乱地收拾文件、地图。第9师副师长派人急告杨池生，要师部赶紧撤离，村外的警卫部队最多能坚持10分钟。“两羊”一听都傻了眼，那些参谋人员一边收捡桌上的重要文件，一边叫勤务兵备马。不一会儿，只见杨池生和杨如轩跟着几个参谋冲到屋外，跳上马背，扬鞭催马往永新方向奔逃。

就在“两羊”逃出白口村时，第1营官兵打进了村里。袁文才见罗家祠内一片凌乱，连墙上的作战地图都来不及取走，他命令各连队赶紧补充敌人遗弃的弹药。

攻上来的第28团和第1营乘势猛追，打得敌人溃不成军。王尔琢在山窝里遇到袁文才，紧紧地握住他的手说道：“你们来得太及时了，敌人的火力很猛。”袁文才说：“你们也来得不慢啊！看来收获不小啊。走！咱们一起抄新七溪岭去。”

在新七溪岭一边，红军战士正与敌鏖战。援军一到，敌军首尾挨打，战线如同溃坝般地崩溃了。两路红军乘势追击，残敌逃到山脚，受到重创。战斗持续到下午全部结束，红军战士们喜气洋洋地打扫战场。这场恶战，总共毙伤敌人2000多人，俘虏敌人500多人，缴获大量的弹药和军需物资。

这次反“进剿”的空前胜利，不但震撼了国民党政府，连苏联的《真理报》也予以了报道。袁文才提出的计策和成功实施，对于这次战斗的获胜起到了重要作用。

拱卫井冈

1928年6月，中共湖南省委派来代表杜修经同充任边界特委书记的杨开明一起来到井冈山，并带来省委的指示，命令红4军立即向湘南发展，毛泽东必须随军出发，只留袁文才的第1营守山，并要求红4军必须毫不犹豫地执行。

毛泽东和朱德等人虽不情愿，但迫于形势变化，还是分兵湘南。7月下旬，第29团在郴州为敌所败，几乎全团覆没，远在永新的毛泽东心急如焚，立即带着第31团第3营前往湘南迎接第29团余部。如此一来，留在宁冈的红军只有第32团。

袁文才、王佐得到消息后，感觉到了一种沉重的压力。红4军主力骤然离开，湘赣边界兵力空虚，两省的敌军随时能够出八九个团的重兵两边夹攻过来，只有700多人枪的第32团抗击得住吗？比这更为艰巨的是，能保卫红军的军事大本营吗？

在全团排长以上的干部会议上，袁文才详尽地分析了边界的敌我形势，对干部们说："茅坪和茨坪两个地方，红军的家当全在这儿，而敌人一定要进攻，两处地方都得顾及，怎么办呢？"

王佐说道："敌人从永新关背那边打过来的可能不大，怕就怕宁冈这一边，那是两省敌军都要占据的地方，压力不小呐！"

袁文才知道，这次召开会议与其说是研究应敌策略，不如讲是扫除干部畏敌思想，增强胜利信心。

他说："要把敌人搞得安不下身来，光是靠我们不行，怎么办？只有发动群众，以排为单位组织赤卫队、暴动队，以各种方式袭击敌人，使他们坐立不安。毛委员不是对我们说，有事去找群众吗？现在是天大的事压在我们头上，怎能忘记乡亲们呢？"

提到群众斗争的威力，干部们很受启发。王佐头一个呼应："对，把乡亲们发动起来！"

袁文才进一步给大家打气："临危不惧，方显英雄本色，第32团什么时候做过懦夫？咱们有七八百支枪，绝不能眼睁睁地看着敌人窜进来为所欲为！在家门口打仗，能让敌人占便宜吗？"

这一番话语，驱散了干部们心中的阴云，极大地振作起他们的斗争热情，屋里的气氛更加热烈了。

袁文才见开会的目的已经达到，同王佐低声交流几句，以总结的口吻说："就这么定了，2营负责茨坪方面，防备敌人从永新关背打进山来；1营呢，无论如何要拖住进入宁冈的敌人，不让他们进山抄剿，保住茅坪的后方机关。”袁文才见大家没有意见，又继续叮嘱说：“桂春和角铭叔几个人，好好谋划一下，医院移到哪儿？修械所往哪儿搬？被服厂要不要进山？粮库的谷子藏到什么地方？这些都要安排妥当。”

第32团干部会议开过的第四天，湘敌吴尚部两个团开到酃县，在县城停驻两天，于8月10日向砻市、茅坪、宁冈一带开进。

酃县县城到宁冈，要经过沔渡镇，中间有一条长长的冲垅叫十里山，湘敌在冲垅里弯曲向前延伸着。第32团第1营和宁冈县赤卫大队500余人，由谢角铭指挥在这里沿路截击湘敌。敌军走着走着，突然枪声大作，从两边山上飞下来一排排子弹，把走在前头的敌兵们打得无处躲避，转眼工夫就伤亡了三四十人。后面的敌军马上架起机枪扫射，疾风卷着弹雨刮过去，持续十几分钟后，敌兵们才发现“赤匪”早不知道什么时候撤走了。

继续前行的湘敌走不到两里路，是一片水田

开阔地，眼看大部队已是通过，左边的山上射来一排排子弹，几匹驮着军用品的骡马被打中。等到大部队调过来接战，枪声又停止了。清点一番，又有二三十人的伤亡。敌人传令部队，拉开距离以单兵行进，并派尖兵连在前面严加搜索。

酃县县城至沔渡才 20 多里路程，湘敌两个团竟然走了 5 个多钟头。第二天的情形更加糟糕，沔渡至宁冈睦村仅 7 里路，走了整整半天。由于前面的情形不明，只得在睦村停下宿营。

这天晚上，第 32 团第 1 营和宁冈县赤卫队，分为三拨人马向敌人发起夜袭，打得敌人龟缩在群众家里不敢出来。接连不断的夜袭虽然没有给敌人造成大的伤亡，但却使得敌人心惊肉跳，惶惶不安。

翌日一早，彻夜不得安宁的敌军，离开睦村继续向前，刚看到一个村就派人进去搜刮食物，不料，由于红军和老百姓坚壁清野，敌兵任何吃的都没有找到。

湘敌两个团好不容易到达砻市，刚驻扎下来，令人提心吊胆的晚上又降临了，夜里四周枪声不断，其实鞭炮声居多，扰得敌人心慌意乱，难以入睡，各连都在驻地的门前屋后布置了一个班以上的游动哨，一个钟头轮换一次，其余的人也只能和衣而卧，迷迷糊糊地度过了一个不眠之夜。

按照原定计划，湘敌抵达砻市后，经葛田向茅坪进击，重点是捣毁红军的后方机关。哪知道从铜锣坳一过，路上全是丘陵，长着一片片油茶树，大部分铲成一层层的条坎，这样的地形最利于伏击。第 32 团第 1 营和地方武装处处扰袭湘敌，他们三四十人一伙，躲在合适的地方袭上一把就走，到了前面又择地行动，周而复始，弄得敌人防不胜防。

第四天上午，两个团的湘敌带着百余伤兵，情绪沮丧地从原路退回酃县县城。所谓的占据井冈山，只是在宁冈县不到一半的地方游走了一圈，而且弄得寝食不安，伤亡还很大。

就在湘敌两个团由酃县向宁冈入侵的同时，赣敌熊式辉部周浑元旅一个团，也从吉安敖城绕道侧击茨坪。王佐探明敌情后，令刁飞林率领两个连，加上新遂边陲 5 个乡赤卫队，开到旗锣坳布防。白天，赤卫队在山上摇旗呐喊，敌军官兵们看得清清楚楚：山山坳坳都有红旗飘动，显然布有红军，地势险要的地方尽在红军手中。到了晚上，刁飞林的两个连以排为行动单位，在敌军的驻地发起偷袭，打得部分敌军当夜撤向拿山镇。敌团长见守山的红军戒备森严，又搞不清红军实力，沮丧地传令退回吉安。敌军第一次“会剿”就这样草草收兵。

8 月中旬，湘赣两省政府准备发起第二次“会剿”。从 25 日起，湘敌吴尚第 8 军以 3 个团重兵从酃县的十都直趋宁冈大陇，欲经乔林直接向黄洋界进击。赣敌方面，也有两个团抵达永新县，计划与湘敌同在8月30日这天由新七溪岭向宁冈推进。敌“会剿”指挥部已大体探明井冈山只有袁文才、王佐的一个团，而红 4 军主力部队尚在湘南未归，于是决定乘此机会攻占红军的大本营和大小五井等后方机关。

袁文才与王佐意识到这回被逼到了最危急的地步，大家商议的结果是：第 1 营赶往新七溪岭御敌，无论如何都要挡住赣军；第 2 营则以两个连扼守桐木岭和朱砂冲两处的哨口，抽出一个连到黄洋界。另外，赶紧派人去永新小西乡传讯，要第31团第3营抽两个连回来守山。在地方武装方面，最大可能地把乔林、桃寮、坝上、大小五井等乡的民众发动起来，赤卫队和暴动队开上黄洋界修筑工事，布设滚木礌石；妇女和其他人连夜砍毛竹削竹钉，每人配给500枚的任务，再埋设在敌人的必经之路上。

在危急情形下，袁文才、王佐一方面灵活调度兵力，一个连顶一个营用；另一方面最大限度地发挥民众的作用，号召男女老少各尽所能参战，总算把保卫井冈山的棋下活了。第32团第1营在新七溪岭凭险扼守，硬是挡住了两个团的赣敌，使之不能逾越阵地。而在黄洋界战场上，不足一个营的红军在赤卫队、暴动队的配合下，以竹钉阵、滚木礌石连连击退湘敌的强攻。敌人虽有3个团之众，然而在红军阵地面前，再怎么用火炮开路，也无法向前推进一步。8月30日下午4时左右，红军的一发迫击炮弹落在敌人的前沿指挥部，炸死一名团长、十几名士兵和两匹马。经此一炸，敌人误以为红军大部队已从湘南回师，越发慌张起来，天一放亮就抬着伤兵撤往酃县十都。当日下午，被第 32 团第 1 营在新七溪岭拖住的赣敌，听闻湘敌已经败退，也认定是红军大部队回师，生怕红军向这边杀来，第二天清晨就撤退了。

最终，井冈山根据地巍然屹立，红旗不倒，胜利抵御了湘赣敌军 5 个团重兵的进犯，充分显示了共产党武装的力量。高高擎起红旗的，正是以袁文才、王佐为首的第 32 团官兵和根据地的广大民众。

建功后方

那还是 1928 年 5 月 22 日湘赣边界党的第一次代表大会结束的这天晚上，已经响起了熄灯号，王佐与袁文才等人还在第 32 团团部的围院里谈话。众人聊得正起劲，哨兵报告说毛委员来了。

毛泽东和军部留守处主任余贲民、军部军需

处处长范树德一同到来。

毛泽东见到王佐便说道：“王佐同志，有项工作要向你讲讲，特委决定任命你一个职务。”

王佐听后，有些发急地叫道：“哦？要调我的工作，不，我不离开32团。”

毛泽东微笑着说：“不用急嘛，特委任命你担任湘赣边界防务委员会主任。”

“哦。”王佐嘘了一口气，问道：“什么叫防务委员会？是打仗的吗？”

余贲民这位全军的后勤总管接过话回答说：“防务委员会，实际上是后方领导机关，除了担任军事上的防务，主要是负责军事根据地内的后勤事务。也就是整个部队和地方上的后勤供给都包括在里面，从吃用穿着，到枪械修理、弹药供应，包括制造苏维埃自己的货币，都由防务委员会统管。”

“喔哟，这么大的摊子！我管得了吗？”王佐望着毛泽东叫喊着说。

毛泽东一字一顿地说道：“管得了。你王南斗管不了，谁管得了？特委不会乱点将的，怎么不点你兄弟呢？”

“我兄弟有更重要的事嘛。”王佐说道：“这样我不就成了专门跑后勤了吗？”

“不是跑后勤，是管后勤，也就是红军后方的大管家。”毛泽东阐释说：“后勤供给可是很重要啊，老话不是说‘三朝无粮兵马散’吗？我们在井冈山的红旗能不能打下去？与这后方的建设可是大有关系啊！王佐同志，你现在是特委委员了，边界党委委托你抓防务委员会的工作。”

“现在不比原来了，红 4 军主力有 5000 多人，这后勤供应还是跟不上来。茅坪的一摊子后勤单位，既要考虑到敌人大举进攻的军事形势，也要从坚持长期斗争计议。要把后方延伸到大小五井一带，扩大规模，像医院、被服厂等都要扩大。这些都是防务委员会的工作。”毛泽东说得有几分严肃，王佐明白了后勤供应对于根据地建设的保障性作用，知道了这个防务委员会主任的分量。

袁文才在一旁听后，也有所感触地说道：“是啊，边界的红旗能不能打下去？不光是打败敌人的军事进击，这后勤供应也要紧得很！后方稳固，前线才无后顾之忧呀。兄弟，这大摊子就仰仗你了。”

毛泽东等几个人，进一步就防务委员会的工作谈了自己的意见，很晚才离开。

王佐与袁文才送走了毛泽东等人，又在围院里坐了很久，王佐望着袁文才，声音有些沉缓地问："兄弟，下一步我该怎么办呢？"

"路要一步步走，你就一件事一件事地抓吧，做好一件是一件。"

"唔，兄弟说的是，我回茨坪后先把这造花边的厂子搞起来，再把红军的医院和被服厂扩大规模。"

10 多天后的一天上午，王佐和李克昌在上井村口迎接"客人"。他们等了半个多时辰，才等到毛泽东、陈毅陪同的湖南省委代表杜修经的到来。

毛泽东将杜修经代表介绍给王佐，又对杜修经说："这就是王佐同志，现在是我们后方的大管家，等会儿要看的就是他们办的造币厂。"

杜修经握住王佐的手，有些感动地说："王佐同志，你们真了不起，居然办起了红军的造币厂，我简直不敢相信，大山沟里能造出银圆！"

在一旁的陈毅接话说："杜代表不要奇怪，这造银圆是他几年前就会的拿手好戏。”

王佐听了有些不好意思，对杜修经解释说：“也不怕你见笑，过去我在绿林的时候，也用这些家伙造过假‘花边’。现在要办红军的造币厂，我就把那些搭档请出来造真‘花边’。”

毛泽东、陈毅陪同杜修经进到了造币车间，看见一座熔银瓯仍在炉火里熬炼。厅堂里有一台高大的冲压架，架上安着几个滑轮，一根粗长的棕绳系在滑轮上，另一端吊着一块足有五六百斤的长方形碓石，师傅拉着棕绳摆开架势拉起大碓石，随着一声震耳的巨响，从墨西哥版的钢模里取出一块崭新的银圆，放在嘴边一吹发出颤音。

杜修经将正面凿有“工”字的银圆端详一番，说道：“这个‘工’字，是代表工农兵吗？”

“是这个意思。本来要凿个五角星的，又怕白区来的商人不要，就打个‘工’字，这是我的主意呢。”王佐高兴地作答。

毛泽东一行看完造币厂后，王佐又带大家来到大井，察看新开设的红军医务所。

毛泽东一边走一边向杜修经介绍说：“红军伤

病员增多而茅坪红军医院接纳不下，我们就交给王主任一个任务，尽快在这儿办起小医院，什么也没给他，还真是难为他了。”

王佐兴奋地接话说：“办个小医院难不倒我呢！山里人懂得治伤风打摆子、跌打损伤的人多着哩，山上又有的是草药，自己动手做医用家什，用的全部是土办法。”

杜修经听说新开的医务所能够安顿六七十个伤员，连连点头称赞王佐：“你这个‘大管家’真能干呀！”

王佐摇摇头说道：“办个医务所不算什么，我和曹院长商议过，过些时候要在小井办一所大的医院，把茅坪的也迁过来，至少能住500个伤病员，还要搞一个疗养所，特别要从吉安、南昌这些地方搞到西药来，包括那好贵重的‘盘里稀泥’。”

“王团长，不是‘盘里稀泥’，是盘尼西林，消炎的特效药。”陈毅笑着纠正说。

杜修经听得更是感动，盯着王佐问：“王主任，能够办成这么个大医院，可就太好了，了不起啊！”

王佐说话是算数的。这年10月起，在红4军军部和边界防务委员会的调度下，由王佐从中加以相助，发动红军官兵捐钱，附近的乡苏维埃政府派工，在小井建成了“红光医院”，成为一座规模很大、条件很好的红军医院。

以王佐为主任的湘赣边界防务委员会，在办起了红军造币厂和大井医务所以后，又着手扩大红军被服厂和修械所，还在小井、茨坪几个地方开办了公卖处。

设于宁冈桃寮的红军被服厂，只有60多名工人和6架缝纫机，生产能力仍然满足不了部队的需要。王佐与石春发、王礼寿等人商议，决定在茨坪再办一个被服厂。王佐是裁缝出身，对被服缝纫一套是轻车熟路，知道该从哪方面下手。他一面安排人到遂川的草林等地购回大量布匹，一面派人联系早几年相识的乡村裁缝，要他们入厂帮助红军缝衣。王佐还特地来到阔别已久的师傅王艾祥家，拜见了这位60多岁的老裁缝。王艾祥从各地邀得8位裁缝进了被服厂，又从邻近各村请来一些妇女帮手，茨坪的被服厂发展到30多人。王佐将这些人分设为两个作坊，一个专门用茶籽壳灰掺稻草灰、赤楠根进行布料染色的车间，一个采用流水作业式的缝制车间。茨坪被服厂的生产走上正轨后，每天能够缝制八九十套红军服装。

王佐还将扩大修械所的任务交给了刁飞林，他说：“防务委员会既然承办军中的后勤，这修械所的事就要办好。这个你在行，就交给你，有什么难处就找我，一定要完成毛委员、朱军长交给的任务！”

刁飞林带着一帮人接连忙了六七天，又是招收懂枪械修理的铁匠，又是购置维修器械，总算把厂子办起来了，修械所设在茨坪。王佐向军部请示，从其他几个团调来了八九个原是水口山矿、安源煤矿工人的机修钳工，使修械所拥有了 20 多人，成功地制造出了可以打两发子弹的“来火枪”，还能够维修各类枪支，包括迫击炮。后来成立了红 4 军军械处，军部任命原水口山工人宋乔生担任处长，刁飞林任副处长。

作为红军后方的“大管家”，王佐工作范围内的一个重要方面，是解决红军的粮食供应和经济来源问题。在粮食供应方面，王佐与袁文才、宁冈县委保持密切联系，军粮大部分从宁冈征收土地税粮解决，所以宁冈的土地税比中央规定的标准多收了五成。对于军民所需的一些重要生活物资，如食盐、西药、胶鞋、电筒、洋油等，还有必不可少的战略材料，如钢材、洋硝、子弹等，则要从外地购进。由于国民党对井冈山根据地实行严密的经济封锁，这些紧缺物资很难购运进来。王佐除指派第32 团侦察队队长朱斯柳，带着他的小队频频潜往吉安、南昌和长沙等地购买外，还亲自结交一些白区的商人，拜托他们给红军帮忙。后来，王佐还开辟了一条井冈山通往吉安的秘密通讯联络点。

创办根据地军民所必需的后勤保障体系，是需要用钱的。开始的几个月，王佐倒能变戏法似的弄出钱来，让一些人惊讶之余又心悦诚服。

其实，王佐变出钱来的奥秘就是“挖旧窖”，前几年他常常把“吊羊”得来的银圆，在这棵大树下埋一些，又在那个神坛后埋一些，埋钱的地方只有他和外甥石春发、姐夫石丙祥知道。现在遇到了这种万不得已的时候，才暗地吩咐他们夜里去挖窖取钱。王佐曾对他俩说过：“这些埋起来的钱，不到山穷水尽的地步，就是天王老子要钱用，我也不会拿出来。现在怎么办呢？共产党和红军要钱用，当然要挖窖取钱了。”后来，王佐手头再没有钱源了，就转向外面伸手，到遂川、泰和的一些乡镇去打土豪筹款。

湘赣边界防务委员会还是主管根据地内联防事务的领导机关，不定期举行附近七八个乡的军政联席会议，部署对大小五井一带的联防工作，如修筑加固五大哨口的工事、建立递步哨等。这也让王佐费了不少心血。

短短的时间内，王佐卓有成效的工作，赢得了毛泽东和红 4 军上下的交口称赞。

06 双雄罹难

政策突变

1929 年新年伊始，往日僻静的宁冈柏露村忽然人多起来，前委的联席会议将在这里召开。

1 月 4 日清早，毛泽东和朱德等人从新城赶到会场，见边界特委、各县县委和红 4 军、红 5 军军委的代表均已到齐，就把不久前来到井冈山的红 5 军领导人彭德怀和滕代远向众人作了介绍，朱德宣布正式开会。

毛泽东、朱德等人和大家围着火堆而坐。会议的头一项内容是传达中共六大文件。1928 年 6 月 18 日至 7 月 11 日，中共六大在苏联莫斯科召开，因为国民党对井冈山区域的层层封锁，这些文件几经辗转，历经 5 个月才传到井冈山。

文件由毛泽东宣读。他带着浓浓的湘潭口音，声音洪亮又全神贯注地传达了《政治议决案》《土地问题议决案》和《苏维埃政权的组织问题决议案》等。当毛泽东念到《苏维埃政权的组织问题决议案》的……与土匪或类似的团体联盟，仅在暴动前可以……这儿时，他目光一瞟，看了看下面的句子，心中咯噔一下，旋即跳过一大段往下念。众人以为又是文件上的字迹不清楚，也都没有在意。

毛泽东传达完文件，会议的议题又转为如何对付敌人的第三次“会剿”。大战在即，在毛泽东和朱德的主持下，决定红 4 军大部出发赣南，红 5 军及红 4 军第 32 团留下守山。实行围魏救赵，以解井冈之危。

这天的会议结束后，人们开始离开会场。这时，毛泽东招着手喊道：“德怀、震林、乾元、仲弘，你们几个再留一下。”

待他们围在一堆火旁边坐定，毛泽东缓缓地说道：“还有一件事情，大家研究一下。”说着，从包里拿出《苏维埃政权的组织问题决议案》，说道：

“中央不知道搞什么名堂，制定了这么一条政策。昨天上午念的时候把这一大段跳过去了。”

他翻开文件，找到“对土匪的关系”一节，从白天跳过去的地方念起：“……与土匪或类似的团体联盟，仅在暴动前可以适用，暴动之后宜解除其武装并严厉的镇压他们。这是保持地方秩序和避免反革命死灰复燃之必要的先决的前提。他们的首领应当作反革命的首领看待，即令他们帮助暴动亦应如此。这类首领均应完全歼除。土匪而浸入革命军队或政府中，便危险异常。这些分子必须从革命军队和政府机关中驱逐出去，即其最可靠的一部分，亦只能利用他们在敌人后防工作，绝不能位置他们于苏维埃政府范围之内。”

毛泽东念完文件，大家的脸上都挂着惊讶神色，大都对这样的文件内容表达了不理解，认为“土匪”这种称呼不过是豪绅地主给叫的，这些人都是深受剥削压迫而逼上梁山的，共产党理应团结他们，怎么能这样看待？特别是袁文才、王佐，早就是党员，又对革命立下了很多功劳，尤其是这节骨眼上，正要倚重袁、王协助红5军守山，这可是乱搞不得呀!

毛泽东听了大家的意见，点头称是。我提醒大家，不能让袁、王知道中央文件精神。之后，他又问一直没讲话的彭德怀和邓乾元:“你们两个的意见呢?”

刚接替谭震林担任湘赣边界特委书记的邓乾元不紧不慢地说:“我看中央的政策是不会凭空制定出来的，既然指示得这么明确，我们就要有所考虑。不管怎么说，袁、王过去是土匪头子，如今在共产党里面，有些事是要注意，是不是考虑一下把袁文才边界工农兵政府主席职务拿掉?”

一时无人说话。地上的火堆被门缝里刮进来的寒风吹得火光闪烁，映照着一张张迷惘而费解的脸庞。大家都很无奈，最终商议，先把袁文才和王佐两人分开一下，大家也都了解边界的土客籍争端的确轻视不得，众人多次听龙超清他们讲过，说袁、王两个人，除了毛泽东可以指挥，别人叫不动，大家认为分开一下有好处。于是，决定任命袁文才出任红 4 军的参谋长，出发去赣南。

第二天清晨，毛泽东走进袁文才和王佐的屋

里，把前委研究的决定向他们说了。

当袁文才听说前委任命他担任红 4 军参谋长，随军征战赣南之后，大为惊讶地“哦”了一声。

王佐却站起身来，呼喊着说：“毛委员，昨天不是定得好好的，怎么一时又变调头了？”

毛泽东神情严肃地说：“让文才出任红 4 军参谋长，是从当前全局考虑的，也是对他的重用，党员须服从组织的决定。另外，不打算再从第 32 团多抽调人了，宁冈县委这边再去两个同志，刘辉霄到前委担任秘书长，谢桂标到军部任副官，就你们 3 个人，再带上各自的警卫人员。”

在边界的土籍干部中，刘辉霄是袁文才最了解、友谊最深的人，而谢桂标原来就是客籍，属于挚友，袁文才听了心里就踏实多了。

1929 年 1 月 14 日，红 4 军主力第 28 团、第 31 团和特务营共 3600 多人出发了，他们都打着绑腿，脚穿草鞋，踏着雪层，沿着越走越是稀烂的小路行进。尽管千辛万苦，但官兵们精神饱满，热情高涨，无人叫苦。

不久，红 4 军在瑞金北部大柏地与国民党军刘士毅部打了一仗，将敌人打得一败涂地，毙伤敌兵1500多人，生俘包括敌团长肖致平在内的官兵800余人。这是红4军成立以来最为荣耀的一战。

2月13日，红4军进占宁都县城。经袁文才提议，部队就地休整几天，官兵们实在太疲惫了。第二天一大早，袁文才就去找时任前委秘书长的刘辉霄，刘辉霄因随毛泽东行动，所以与毛泽东住在一栋房子里。

袁文才进到毛泽东住的围院里，警卫说毛泽东、刘辉霄等人还在睡觉，便打算离去。忽然，看见屋檐的水沟边斜放着一口铁皮文件箱，还有一些文件晒在地上。他俯下身，看见是中共六大的几份文件，心想这些都在柏露会议上传达过，算不上秘密，就拿起一本看起来。袁文才拿着的文件，正巧就是那份《苏维埃政权的组织问题决议案》。他粗略地翻阅着，翻到了毛泽东用铅笔在上面画了粗线条的一页。

袁文才的目光很快落在“对土匪的关系”这一节上面，全神贯注地阅读着。阳光下的白纸黑字是那么醒目，而在他眼前却是一片昏暗，决议案的每一句话，都像一片片狂怒的浪潮，冲击着他的心灵堤岸：“……他们的首领应当作反革命的首领看待，即令他们帮助暴动亦应如此。这类首领均应完全歼除。”对袁文才来说，这种心态是不可能改变的：只要看见“土匪”两个字，心里就怦然而动，一种莫名的情感倏然升腾。

读完了这一大段，袁文才无力地放下文件。不知道怎么走回到自己屋里，袁文才无力地躺倒在床上。那一床本来觉得挺暖和的棉被，现在却嫌太薄了，浑身竟不能自制地微微颤抖。

“唉，想不到共产党终究信不过我们这号人，总有一天要像烂草鞋一样扔掉，弄不好还有杀身之祸！共产党说话是算数的，中央的决议谁还能改变？就算他毛泽东对我倍加相信，但他又不是中央的什么领导人，能保得了我吗？难怪要把我调开，原来有这么大的奥秘。唉，真不该离开井冈山！”

红4军休息两天后离开宁都县城，于1929年2月17日进入吉安东固。这些日子以来，袁文才一直心绪不佳，脑子里常常乱糟糟的，神情有些恍惚。在这几天里，袁文才的思想，完成了一个从反复思考到萌生念头，再经过激烈权衡终于下定决心的复杂过程，即决心逃回井冈山去。袁文才在下定这一决心后，想到的第一件事是说服谢桂标和刘辉霄两人，争取他们一道回去。

谢桂标这边的说服工作较为顺利。刘辉霄开始反对袁文才脱队潜逃，但袁文才最终还是说服了刘辉霄，使他同意一道离队。

想到要不告而辞回井冈山去，袁文才心里还被另一种痛苦的情愫折磨着："难道就这样招呼也不打就离开毛委员？这样做对得起毛委员吗？"

袁文才在冒出这种想法后，不久又有另一个声音在心头响起："不这样又能怎样呢？毛委员他自身也受到了打击呢，也罢，对不起他也没办法了！"袁文才想到这里，不禁感到心口微微地发痛。

1929 年 2 月 25 日，红 4 军进入了广昌县苦竹坪。第二日天没亮，袁文才将事先写好的"请假条"放在军部桌上，与谢桂标、刘辉霄带上各自的勤务兵，离开部队驻地，奔向来时的路。

这一次，袁文才作出了他一生中十分无奈却又充满遗憾的错误决定。

4月上旬，袁文才等6人回到了井冈山。他们于黄昏来到下庄，直奔王佐。当晚，袁文才与王佐抵足而眠，说了半夜的话。当袁文才详细讲了看到中共六大决议案的情形时，王佐不禁坐起身子，失声道：“唉，谁知道党里面还有这么一个政策！”

袁文才从赣南回归，在边界特委和宁冈县委引起轩然大波，特委为此与县委举行了联席会议，在讨论如何处理这件事情时，龙超清、谢希安等人态度坚决地主张开除袁的党籍，撤销党内和军中的一切职务！这种处分过重的主张遭到了外籍干部宛希先、何长工几人的反对，最终决定给予袁文才留党察看3个月的处分，但仍由他指挥第32团开展对敌斗争。

坚守井冈

从袁文才随红4军离开井冈山，到他从赣南潜回茨坪，这前后80多天的时间里，王佐和第

32 团的官兵们，也经历了一场罕见的残酷斗争。

红 4 军主力前脚离开井冈山，湘赣敌军就纠集了 18 个团的“会剿”部队从四面八方向宁冈、酃县逼近。他们采取“四面围攻”的战术，以湘敌为主攻部队，向黄洋界、八面山、桐木岭三大哨口发起攻击。

这时，井冈山地区下了一场百年不遇的大雪，茫茫大雪压倒了松杉古树，压弯了片片绿竹，苍穹大地一片灰白朦胧。红 5 军军长彭德怀指挥着红军和 6 个县的赤卫队员 2500 余人，在三处阵地抗击敌人。

第 32 团兵力分布在两处阵地上：王佐指挥 4 个连坚守在八面山主峰的两侧山上；另有两个连由徐彦刚带领，配合红 5 军李灿第 1 大队据守黄洋界。

敌军的攻山战斗于 1 月 26 日全面打响。战斗空前激烈，自恃兵力和武器占压倒优势的湘赣敌军，恨不得在一个上午攻夺红军阵地。他们以密集的炮火掩护成营的敌兵向红军发起猛烈冲击。红军和赤卫队在满是冰雪的阵地上凭险据守，奋勇战斗。

正当敌人为久攻不下而一筹莫展之时，他们捉到一个游民，这个家伙经不起金钱引诱和严刑威逼，答应带路。

守山红军突然腹背受敌，黄洋界阵地被敌人攻破，八面山和桐木岭受到重压，情况十分危急，红军不得不突围而出，彭德怀带着红 5 军 500 多人从遂川撤往赣南地区，王佐带着部队退往荆竹山一带。

敌人沿着红军撤退的方向疯狂地追击，王佐带着部队在深山老林里与敌人周旋了几天，才摆脱尾追之敌，他们来到一条遍布原始森林的峡谷里，这才暂时安顿了下来。

王佐鼓励大家："越是困难的时候越要挺得住。我们不能睁着眼睛看着敌人窜进来为所欲为，我们要在这里坚决地同敌人斗下去，让他们知道井冈山不是那么好进的！"他又在干部会上强调："只要能够拖住敌人，使毛委员的战略部署不受影响，我们在井冈山吃再大的苦也值得。把这个道理向战士们讲清楚，他们会明白的。"

敌人虽然暂时占领了井冈山，但后方补给中

断，吃粮都成了问题，他们面对冰天雪地的大山叫苦连天，军心开始动摇。王佐决定趁机袭击敌人，他派人探得石狮口驻有一个连的敌军，就带着两个连踏着积雪连夜出发，在天亮前赶到了那里。敌人根本没想到还有红军来袭，战斗很快结束。一个连的敌人除十几个侥幸逃脱外，其余都被歼灭，缴获了部分弹药物资。几天之后，王佐又率领部队袭击了驻守在上井的敌人，消灭了敌人的一个排，取出了埋藏在村里的部分粮食。

红军接连两次消灭敌人的消息，像长了翅膀一样，很快地传遍了湘赣边界。广大群众都知道第32团依然战斗在井冈山，感到无比振奋。占据井冈山的敌军，一则给养运输上不来，二则红军和赤卫队频频出山袭击，只得收拢部队驻于茨坪、茅坪几个地方。

1929年3月中旬，蒋桂军阀战争爆发。进占井冈山的湘敌大部分被调回湖南，仅留赣敌两个团驻防茅坪等地。这时，王佐派人与在九陇山的边界特委取得联系，特委派中共宁冈中心县委书记何长工带着永新、茶陵的赤卫大队开到下庄与第32团会合。何长工与王佐指挥合兵后的红军和赤卫队，先出击茨坪重创驻敌，再攻夺茅坪，把敌人赶出了五井和宁冈，曾一时笼罩在硝烟和血雨腥风之中的井冈山，又重新回到党和红军的手中。袁文才与谢桂标等人，正是在这时候从赣南返回井冈山的。

4 月下旬，彭德怀率领在赣南得到补充的红 5 军 600 余人回到了井冈山，在茨坪见到袁文才、王佐等人。这些大难不死、劫后相逢的战友们，互相握手叙话，每个人的眼里都流下了激动而苦涩的泪水。

红 5 军重返井冈山，给边界武装割据的复苏注入了活力。5 月 10 日，边界特委在宁冈古城召开第四次执委扩大会议，制定了“集兵政策”的游击大纲，提出以永新为中心区域的新构想。会议还改组了特委，同时决定将第 32 团改编为红 5 军第 6 纵队，由王佐担任司令员。

1929 年 5 月下旬，彭德怀率领红 5 军向湘南和粤北进行游击，第 6 纵队只留下一个连由袁文才指挥坚守井冈山。

袁文才信心满满地对王佐说：“你们去吧，有

我在，井冈山丢不了！”

7月中旬，对袁文才的留党察看处分已期满，在宛希先的鼎力倡议下，特委召开会议，决定恢复袁文才的党籍，并指定他参加中共宁冈县委，担任常委兼军事部长。

8月上旬，国民党江西省政府委任陈宗经为国民党宁冈县县长。宁冈从1928年2月起，18个月来一直没有县长，国民党南京政府为此发出严厉斥责。为了让代表国民党政权的县长能在“赤区中心”站住脚跟，国民党江西省政府派滇军第27师第81团进驻永新，以便随时策应宁冈，另外拨给陈宗经一个连的兵力，武装护卫县政府。

为消灭国民党在宁冈的军事势力，8月13日，袁文才指挥留下来的原第32团的一个连和宁冈第四区赤卫队，于凌晨向国民党守军发动袭击，他采取先分散敌人兵力，后各个歼灭的战术。首先全歼驻守睦村之敌，缴获了一批钱粮物资和枪支弹药，然后向宁冈县城的国民党军发动进攻。战斗中，陈宗经县长被击毙，护卫他的一个连也被歼灭。

消息传到南昌，国民党江西省政府主席鲁涤

平惊讶地说："这个袁文才，倒真是厉害呀！"几天后，江西《民国日报》刊出陈宗经"殉职"和一连国军被袁文才所部全歼的报道，文章最后发出惊呼："'红色枭雄'袁文才窜回井冈，湘赣边界将重新不靖也！"

萧墙蒙冤

井冈山的革命斗争开展得如火如荼，但革命队伍内部却在悄悄地发生变化。接连几件事情的发生，使土客籍矛盾逐渐公开起来。此时，党内严重的"左"倾错误也起到了推波助澜的作用，大大加深了这一矛盾。

冰冻三尺，非一日之寒。一两百年来，湘赣边界土客籍群众争端不息、仇怨很深，累积遗留下了深重的矛盾。

这种争端的影响潜藏在一代代人的身上，时常发生为维护本籍利益的恶性争斗。袁文才、王佐、龙超清、刘真等两籍民众领袖，虽早已成为共产党员，他们在对付共同的敌人——国民党反动派的大节上是战友、兄弟，但在对待土客籍争端这一问题上，却始终跳不出这一圈子，都不同程度地卷入其中，不断地荡击着他们的友谊堤坝。

最初围绕本籍利益所发生的争端，是打土豪和分配土地两方面，进而发展到争夺政权。两籍群众各自提出有利于自己的主张，互不相让，成为两籍争端在党内的尖锐反映。

长久以来，形成了一种现象——“土籍的党，客籍的枪”。即宁冈的中共党组织和地方政权的领导权全部掌握在土籍人手中，而枪杆子，则几乎全数掌握在客籍人手里。以袁文才为团长的红 4 军第 32 团，基本上是清一色的客籍。龙超清、谢希安等人以组织名义，决定从袁文才部抽调 50 支枪成立“宁冈县赤卫连”，袁文才一支枪也不愿拨给。龙超清等人坚持另组队伍，与第 32 团形成对立，在两籍民众中造成了不良影响。袁文才与龙超清、谢希安等人志同道合的深厚情谊渐渐地破裂了，一种无形的离心力量随即产生。

1930 年 2 月，中共湘赣边界特委常委宛希先在大湾被杀，主持这次行动的是特委新上任的书记朱昌偕，特委常委王怀、龙超清等人，罪名是宛希先闹独立，不服从特委的调遣。而在袁文才看来：杀害宛希先是边界特委排外主义的暴露，是为了削弱袁文才、王佐的力量！堂堂特委常委都能被杀掉，那其他客籍人呢？这给袁文才、王佐心里蒙上了一层阴影。

接下来，又发生了“罗克绍事件”。罗克绍是茶陵县的大土豪，1929 年 3 月，罗克绍被国民党湘赣两省政府加封为五县团防总指挥，他还办起了一个小型兵工厂，每天能生产两支步枪，几百发子弹。

恰恰袁文才一直为边区弹药紧缺发愁。经过多次考虑，袁文才打定了主意，决定把罗克绍活捉过来，让他交出兵工厂，其后再视情况把他干掉！1930 年春节刚过，经过周密安排，终于在正月十三这一天，袁文才派去两个连捉住了罗克绍，并连他的兵工厂一锅端了！

智者千虑，必有一失。袁文才自以为在对待

罗克绍问题上无懈可击，但他却没有想到，罗克绍事件早已引起了党内外的巨大反响。边界特委常委们认为：袁文才正在勾结罗克绍反水，边界党组织和红色政权非常危险，有被一网打尽的可能，得赶紧想办法！

朱昌偕、龙超清、王怀等人与袁文才、王佐之间潜在的矛盾和根深的仇视心理，这时恶性地膨胀起来，以至于让边界特委有一种尽快诛除袁、王，瓦解整个32团的念头。特委一班人深知，要诛除袁、王不是件容易的事。他们几经计议，制定了策略：一是调虎离山，将袁、王诱至永新县城下手；二是借助红5军的力量，正巧这期间红5军停驻在安福、永新边界的地方。

一天晚上，特委书记朱昌偕与永新县委书记王怀，骑马赶往安福洲湖。值班参谋叫醒了熟睡中的红5军军长。军长见是地方党组织的两位负责人，连忙问有何急事？朱昌偕和王怀按计议中的说辞，将袁、王二人要谋反的情形和盘托出。见军长还在犹疑，二人又着重强调起袁文才在路上偷看到了中共六大决议案，从赣南逃回来，王佐也早已知道了决议案内容，袁文才正在与罗克绍“勾连”等一系列事件。

情况突然而严峻，让军长感到了前所未有的为难。他默然无语地坐着，脑子里急速地考虑着。他素来信任地方党，相信朱、王所讲的情况不会有假，一种深为湘赣边界革命事业担忧的心情，促使他痛下决断。当想到中共六大决议案中的相关内容时，他点头沉声说道：“这样的话，让第4纵队随你们行动。”随即又叮嘱说：“第4纵队只是担任守住浮桥和北门的任务，先不要抓人，把情况弄清楚后再说。”

1930年2月20日下午，在茅坪的袁文才突然接到了特委派人送来的紧急通知，通知指示湘赣边界六县的赤卫大队与袁文才、王佐的部队合编为中国工农红军第6军第3纵队，以袁文才为司令，王佐为副司令。各部须在2月23日下午赶到永新县城禾川镇，24日编队后攻打吉安。通知的末尾署名竟为“中共红4军前委书记毛泽东”。

袁文才看见落有毛泽东的名字，不由得吃了一惊，端详着这非常熟悉的毛笔签名，脑子里顿时涌出不解的谜团："毛泽东远在赣南，他的签名怎么到了这里？"他沉思着："兴许是特委那班人生怕调不动我们，派人到赣南征求了毛泽东的意见，或者是通过赣南特委那边转过来的。怎么又要编为红6军第3纵队？这次编队到底去不去呢？"特委的紧急通知，搅得他内心无法平静。

2月21日上午，袁文才派人赶到茨坪，请王佐来。王佐对特委的通知不感兴趣。他感受最为深刻的是，边界特委的这班人，没有一个像毛委员、朱军长那样关心自己、信赖自己，总有那么一些轻视、戒备的成分。这更使王佐不时地想到中共六大决议案中"对土匪的关系"一节文字，更加深了他心里的成见：共产党终究是信不过咱们的，除非毛泽东在。心灵的遗憾和思想的波动，使得王佐迸发出来的革命热情大为受挫，向来心高气傲的他，对边界特委怀有很深的戒备心理。袁文才不计较王佐的直率性情，心情沉重地说："这回不行呀兄弟，上头有毛委员的手令！"

"我也疑心呢，毛委员远在赣南的瑞金，他的手令怎么会传到这儿？怕是假的吧？"

“不会的，这么大的事，他们不敢胡来。我想，特委这帮人担心调不动咱们，特地派了人去瑞金找毛委员，或者是毛委员派人传过来的。这样的话，我们就得听从，毛委员总不至于害我们吧！”王佐不满地说道：“他特委凭什么一句话把咱们调来调去？”

“兄弟，这是党内的组织纪律呀，党纪为大！”最终二人决定，身为党员，要坚决服从命令！

2月22日下午3时，袁、王两部的官兵700多人吃过早饭开拔，于晌午间到达禾川镇。边界特委组织了上千人的欢迎队伍，敲锣打鼓列队相迎，朱昌偕、王怀、龙超清等人都在场，气氛甚是热烈。县城街上到处是人，边界6个县的党政负责人都率领赤卫大队赶到。按照特委的布置，袁、王部队驻扎于东门观音巷和邻近的北门大树下，袁文才与李筱甫住在尹家巷22号，王佐同刁飞林等人住在尹家祠。

23日下午，特委在肖家祠召开各县党政负责人参加的会议。由中央巡视员彭清泉首先传达红4军前委陂头会议的精神，接着就湘赣边界的今后斗争作报告。彭清泉讲到中途，话题突然转到袁文才身上，声色俱厉地指责袁“从赣南逃跑回家”“优待罗克绍意在反水”等。不待他讲下去，袁文才站起身来，抑制住内心的惊怒，针对彭的指责一一驳斥，王佐对这种处理方式非常气愤。这时，不少人都在一旁相劝，总算让袁文才、王佐平息了怒气，会议又转向别的议程。

晚上，特委和永新县委在肖家祠大摆酒席，招待袁文才、王佐和各县党政负责人及赤卫大队的主要干部。气氛热烈的仪式、酒菜丰盛的晚宴、亲切友善的交谈，这些都掩盖住了一个巨大的危险，蒙住了袁文才、王佐的眼睛，使他们向来精明的目光，看不见死神的阴影正一步步逼来。

一切按照特委预定的计划进行。半夜时分，红 5 军两个纵队 300 余人，经北门悄悄进城，进入特委指定的“阵地”。同在当晚的下半夜，各县赤卫大队进行紧急集合，由特委干部讲话，内容是宣布袁文才、王佐是反革命，其“罪状一是勾结土豪劣绅反水，二是反对苏维埃，反对分田……”。

2 月 24 日凌晨，一切似乎都如往日一样平静，却不知道革命内部的血腥味已经开始弥漫着。特委领导带着永新县赤卫大队的七八个战士，径直来到尹家巷22号，袁文才与李筱甫、周桂春三人同睡在厅堂后左侧的房间里。此时，他们正在熟睡中，丝毫没有感觉到死神已经到了跟前。猛然间，袁文才惊醒过来，听到有谁在叫他的名字，才坐起身子，就见从窗户外射来一颗子弹，打中他的左眼，还来不及呼喊，紧接着几颗子弹打在身上，威震井冈山的一代“红色枭雄”和他的战友们，就这样倒在了昔日战友的枪弹之下！

负责解决王佐的人马快赶到尹家祠的时候，尹家巷那边的枪声响了，待他们开枪打死祠堂门口的哨兵冲进祠堂的时候，警觉的王佐已带着刁飞林等5人骑马逃走。可惜，永新城东门外的禾河成为他们的鬼门关。那座浮桥已被拆去，渡船也不知所踪。王佐、刁飞林等人多数是“旱鸭子”，好不容易游到了河潭的中心。忽然，对岸一阵枪声响起，几个人连同马匹都消失在冰冷的河水中……

袁文才、王佐及其排以上干部40余人全部罹难。第32团的战士们，由于猝不及防和群龙无首，被打得四处逃散，未逃脱的尽被缴械，最终有1/3的人编入了红5军，其余的人则遣送回家。曾经威震湘赣边界，为井冈山的武装割据作出历史贡献的袁、王和红4军第32团，就这样留在了历史的昨天。

1926年2月24日，袁文才与王佐结拜为同年兄弟，恰好在4年之后的同一天，也就是1930年2月24日，两人同时遇难于永新县城。或许只是巧合，却也实现了“不求同年同月同日生，但求同年同月同日死”的兄弟誓言。

袁、王被错杀不久，毛泽东在瑞金得知这一消息，十分气愤地说：“完全是乱搞！”1930年8月，陈正人在吉安见到毛泽东，向他报告了袁文才、王佐被杀的情形，毛泽东生气地说：“杀错了，杀错了！”

历史是无情的。袁、王的被错杀导致了极为严重的后果，毛泽东、朱德等人开创的井冈山根据地的军事堡垒——大小五井和茅坪、大陇区域彻底丧失！自此，当地保卫团武装和所有客籍民众处处与红军为敌，将井冈山军事根据地控制在他们手中。一些土籍民众对这种“过河拆桥”的做法也为之寒心，与红军也产生了隔阂。

1935 年春，在赣南油山一带打游击的陈毅，想再度引兵井冈山，重起武装割据，受他派遣的代表来到井冈山，经过一番考察后，失望而归。陈毅听了报告，喟然长叹。作为中国革命的第一个农村革命根据地井冈山，直到 1949 年 9 月，才由中国人民解放军第四野战军的部队解放。

后　记

正义可能会迟到，但永远不会缺席。

新中国成立伊始，中共江西省委书记陈正人在北京向毛泽东主席的汇报中，谈到了袁文才、王佐被错杀的问题。毛主席不无遗憾地叹息：“不该，这两人不该杀呀！”陈正人回到江西后向省民政部门传达了这一情况。不久，袁文才、王佐被定为革命烈士。张国华入藏之前，毛主席向他讲到袁、王问题，“解决袁、王是不对的……这支武装对我们是有用的，闹点独立性不要紧，就是‘反水’也不要解决，他们终究会回来的”。1951年10月，袁文才的儿子袁耀烈作为井冈山老区的代表，赴北京参加国庆观礼。

1965年5月下旬，毛主席重上井冈山。触景生情，睹物思人，他怎能忘记当年艰苦卓绝的岁月？怎能忘记两个帮助革命渡过难关的“山大王”？如今重访这个中国工农武装割据的发祥地，重访袁文才、王佐的故乡，缅怀之情油然而生。5月28日上午，已经重上井冈山一个星期的毛主席，在井冈山宾馆的115号房间里，忽然对井冈山管理局党委书记袁林问道：“袁文才、王佐的家里还有人吗？”

袁林回答说：“有哇，袁、王的遗孀都还健在。”

“我要见她们！”毛主席有力地说道。

5月29日上午，天气特别晴朗。在井冈山宾馆，袁文才之妻谢梅香、王佐之妻罗夏英，见到了思念已久的“毛委员”。谢梅香看见已经是共和国领袖的“毛委员”径直朝自己走过来，一颗心激烈地跳动着。当袁林向毛主席介绍谢梅香时，毛主席轻轻地点着头说：“认得出，认得出。”一边把手伸向谢梅香，一边问候道：“梅香嫂，你好哇！”

听了这久违30多年的熟悉的湖南口音，谢梅香周身涌过一阵暖流，只是连连点头，接着不可遏制地涌出一串热泪。

“好久没来看你们了。”毛主席亲切地拉着

家常。

谢梅香用家乡话说着："谢谢你，谢谢你。"

之后，谢梅香与参加接见的人员一起，留下了一张珍贵的历史镜头。谢梅香和罗夏英都流下了幸福而又不失悲伤的泪水。毛主席的问候和合影，代表了党和人民对她们丈夫的充分肯定和最高褒奖。35 年来残存在她们心里复杂难言的郁结可以化解了，也终于可以告慰丈夫的在天之灵。

一个多月后，谢梅香接到江西省人民政府寄来的毛主席接见自己的合影照片，赶忙叫儿子袁耀烈把袁文才的瓷像端来，她将 8 寸照片对着瓷像，她相信袁文才能理解她此时此刻的无尽思绪。

为了写好袁文才、王佐的英雄故事，笔者收集、阅读了二人的大量相关资料，以及研究者撰写的各类书籍文章，以期能够更深入地走进那段远去的红色历史，感受波澜壮阔的战争年代，领略这两位伟大的革命先烈高擎红色大旗、参与创建并保卫井冈山革命根据地的丰功伟绩。

袁文才、王佐的革命生涯虽然只有短短几年，但他们敢于斗争，勇于奉献，坚守信仰，轰轰烈烈，留下了不朽的革命遗产，值得我们后人用心挖掘他们的革命事迹和革命思想。

《袁文才与王佐》一书的编写，在继承前人资料、尊重史实的基础上，进行了符合现代读者阅读习惯及审美的文学加工和故事写作。在编写过程中，得到了军事科学院军队政治工作研究院领导和机关的大力支持。康月田、岳思平、徐占权、李博等专家学者进行了审读，提出了宝贵的修改意见。

主要参考的书籍和资料有：《毛泽东年谱（1893—1949）》（中共中央文献研究室编／中央文献出版社）、《中国人民解放军战史（第一卷土地革命战争时期）》（军事科学院军事历史研究部编著／军事科学出版社）、《中国人民解放军军史（第一卷）》（《中国人民解放军军史》编写组编／军事科学出版社）、《井冈山：高路入云端》（中共党史出版社）、《毛委员在井冈山》（江西人民出版社）、《井冈山革命根据地全史》（余伯流、陈钢著／江西人民出版社）、《井冈双雄——袁文才、王佐传》（匡胜、刘晓农著／江西人民出版社）、《井冈山斗争口述史》（上、下册）（黄仲芳、罗庆宏主编／江苏人民出版社)、《我的爷爷袁文才》(袁建芳著/江西人民出版社)。

在此,谨向关心和帮助本书的各位领导、各位专家学者,以及上述作者、编辑致以最诚挚的谢意!

图书在版编目（CIP）数据

袁文才与王佐 / 军事科学院解放军党史军史研究中心编. -- 北京 : 学习出版社, 2025. 6. -- (中华先烈人物故事汇). -- ISBN 978-7-5147-1366-4

Ⅰ. K825.2

中国国家版本馆CIP数据核字第2025092DL2号

袁文才与王佐

YUAN WENCAI YU WANG ZUO

军事科学院解放军党史军史研究中心

责任编辑：李紫薇　　封面绘画：刘书移
技术编辑：朱宝娟　　内文插图：韩新维
美术编辑：杨　洪　　装帧设计：和物文化

出版发行：学习出版社
北京市东城区崇外大街11号新成文化大厦B座11层（100062）
010-66063020　010-66061634　010-66061646
网　　址：http://www.xuexiph.cn
经　　销：新华书店
印　　刷：河北鹏润印刷有限公司

开　　本：787毫米×1092毫米　1/32
印　　张：5.75
字　　数：74千字
版次印次：2025年6月第1版　2025年6月第1次印刷

书　　号：ISBN 978-7-5147-1366-4
定　　价：25.00元